W0374691

INHALT

VORAUS

Drei Worte genügen: Runter von Rügen! Als ich meiner Heimatinsel im Sommer 1975 mit siebzehn Jahren den Rücken kehrte, um endlich die große weite Welt jenseits des Rügendamms zu erkunden, dachte ich an diesen Spruch, den wir uns auf Strandpartys nach etlichen Flaschen Hafenbräu und Doppelkorn zugerufen hatten, wenn uns die Insel mal wieder bis zum Hals stand. Wir wollten zur See fahren wie unsere Väter und älteren Brüder, raus aus den abgesperrten Häfen und rüber über den verriegelten Horizont: durch Kattegatt und Skagerrak bis nach Dänemark, Schweden und Norwegen, hoch bis zum Nordkap, wo die Sonne nicht untergeht und der Seemann Aquavit trinkt. Und weiter bis in den Atlantik, mit Frosttrawlern auf Kabeljaujagd zur Georgesbank, wo zollfreier Weinblattsiegel und Nordhäuser Doppelkorn in Strömen floss und man Valuta verdienen konnte. Mit den Mädchen von Kopenhagen und St. John's flirten und wenn dann die eine dabei wäre, von Bord gehen, Fischerei Fischerei sein lassen und ein neues wildes Leben anfangen. Mit einem gebrauchten Mercedes bis nach New York City brettern und dabei die Rolling Stones hören: *Ride On, Baby*.

Das waren die Träume, deretwegen wir uns in Rostock-Marienehe mit Nautik und Schiffsmaschinenkunde herumschlugen, schmieden, schweißen und schlossern lernten, als Rettungsbootsmänner die Warnow hinaufpullten und neben den Verheißungen des real existierenden Sozialismus in Staatsbürgerkunde die Realität der sozialistischen Planwirtschaft kennenlernten und staunten.

Mit neunzehn sah ich bei meiner ersten Fangreise tatsächlich die dänische Küste und die Kirchtürme Kopenhagens, die Fjorde Norwegens und den Hafen von Egersund, die Stürme der Nordsee und riesige Steerts voller Kabeljau und Hering. Aber da hatte ich das eine Mädchen schon kennengelernt, und neben der ersten großen Liebe war ebenso unvermutet die Liebe zu Literatur und Theater aufgetaucht.

1979 habe ich die Kutterplanken der SAS Vikingbank mit den Brettern, die die Welt bedeuten, vertauscht und war mir sicher, dass auch das Theater ein Tor zur Welt werden würde.

Seitdem bin ich, mit der Ausnahme einiger längerer Reisen und Gastinszenierungen, mindestens einmal im Monat nach Rügen zurückgekommen.

Das macht nach fünfunddreißig Jahren etwa 395 Heimreisen – von Rostock, Berlin, Boston, Sydney, Seoul und Santiago, Orte, an denen ich gelebt und gearbeitet habe. Kafkas Mütterchen Prag hatte Krallen, Muttland Rügen hat sanfte, aber zupackende Hände wie die meiner Großtante Ella aus Buddenhagen auf Jasmund. Mit ihr bin ich als Junge durch die Wälder und über die Feldwege Jasmunds gewandert und habe mit roten Ohren ihren

Märchen und Sagen zugehört. Sie war eine Pilz- und Kräuterfrau und kannte nicht nur die Pflanzen und Tiere der Stubnitz, sondern auch ihre Geister und Gnome, die in den Kreidehöhlen und Hünengräbern Stubbenkammers hausen. Ihr verdanke ich die frühe Bekanntschaft mit den anderen Bewohnern der Insel: den weißen Weibern Wittows und den Unterirdischen im Dobberworth, dem wilden Jäger auf Mönchgut und dem Aufhocker vom Zickerschen Höft, mit Störtebekers Geist und seinen Likedeelern, den seeräuberischen Gleichteilern, die einmal im Jahr aus dem Seenebel ans Ufer kommen, um nach ihren Schätzen zu sehen. Wenn man mit solchen Gestalten aufwächst, dann bleiben die Orte, an denen man zum ersten Mal von ihnen gehört hat, ein Leben lang geheimnisumwittert.

Am meisten gefiel mir die Sage von der Seejungfrau auf dem Waschstein unter dem Königstuhl, die dort ein blutiges Hemd wäscht und der man am Johannistag das richtige Wort sagen muss, um sie zu erlösen. Auch weil ich ein Sonntagskind bin und meine Tante Ella selbstverständlich das richtige Wort kannte, hat es mich immer wieder nach Rügen gezogen, vor allem um den Johannistag, aber eine Seejungfrau ist mir dort niemals begegnet. Dafür habe ich im Stralsunder Stadtarchiv in einem alten Wassersagenband herausgefunden, dass mein Ururgroßvater Jochen Steinort aus dem Baumhaus Buddenhagen dem Volkskundler Professor Alfred Haas von dieser Seejungfrau erzählt hat.

An fernen Küsten habe ich manchmal im Stillen Vergleiche angestellt und dabei gedacht: Aber ganz so verwunschen wie auf Rügen ist es hier doch nicht. Dann erinnerte ich mich an die Zeilen Eichendorffs, die Robert Schumann so unvergesslich vertont hat:

Aus der Heimat hinter den Blitzen rot
Da kommen die Wolken her.

Die Wolken über Küste und Meer haben mich überall auf der Welt mit Rügen verbunden und an die Blitze jener historischen Gewitter erinnert, die über die Insel hinweggezogen sind und ihre Bewohner geprägt haben.

Nur wenige kennen wohl den Brief, den Karl Marx 1843 an den Rüganer Arnold Ruge schrieb: *Es wird sich zeigen, daß die Welt längst den Traum von einer Sache besitzt, von der sie nur noch das Bewußtsein besitzen muß, um sie wirklich zu besitzen.* Das mag meinen Landsleuten zu plietsch klingen, aber dass dieser Traum der gleiche ist, den schon Störtebekers Likedeeler und ihre Großeltern auf den Gutshöfen und in den Kreidebrüchen träumten, das verstehen sie. Oder, wie meine Tante Ella schon in der DDR gesagt hat: »Dat de lütten Lüd sick dat nich ewig und dree Dag gefallen loten, dat kann ick sülwst ut mien Kökenfinster seihn.« Wenn es mit Rügen und Hiddensee so weiter geht wie in den letzten zwanzig Jahren, dann werden die Inseln bald das Schicksal von Sylt und St. John's teilen: Verdrängung der Insulaner durch eine zahlungskräftige Schickeria und Zerstörung der einzigartigen Naturlandschaften durch immer größere Ferienanlagen und breitere Straßen. Aber weil die kleinen Leute hier noch ein wenig Likedeelerblut und ein gutes Gedächtnis für gebrochene Versprechen haben, bleibt die Hoffnung auf Widerspruch und Widerstand. Deswegen komme ich immer wieder nach Rügen und Hiddensee zurück und höre ihren Geschichten zu.

NACH STRALSUND

Ich fahre fast immer mit dem Zug nach Rügen. Wer nicht vor und auf der Insel stundenlang im Stau stehen will, verzichtet auf das Auto und nimmt lieber ein Fahrrad mit. Besonders gern lese ich während der Zugreise in Johann Jacob Grümbkes *Streifzügen durch das Rügenland* von 1805, die besser auf Wanderungen vorbereiten als die meisten anderen Inselführer. Grümbke war ein Bergener Privatgelehrter und hat sein langes Leben damit verbracht, die Geschichte und die Geschichten der Insel aus den Archiven und Erinnerungen seiner Zeitgenossen vor dem Vergessen zu bewahren und auch die Schattenseiten des scheinbar romantischen Idylls zu beleuchten. Das hat ihm viel Spott und Verachtung eingetragen, denn auch auf Rügen gilt der Chronist als Nestbeschmutzer, wenn er nicht an der politischen Hofberichterstattung teilnimmt und sich besser auskennt als die beamteten Wind- und Karrierebeutel. Grümbke mochte seine wortkargen und wetterharten Landsleute, aber wie vor ihm schon die Chronisten Thomas Kantzow und Ernst Heinrich Wackenroder machte er sich keine Illusionen über ihre Schwächen. *Sie sind in der Aufklärung noch unendlich weit zurück,* schreibt er in den *Streifzügen. Sie kleben hartnäckig an ihren Vorurteilen und in vielen Dingen herrscht ein weit größerer Aberglaube unter ihnen als auf dem benachbarten Continent von Pommern.* Man findet sein Buch leider nur noch antiquarisch, aber wenn man es gefunden hat, dann hält man ein Hebelsches Schatzkästlein in den Händen.

Auf seiner Heimreise von Göttingen, wo Grümbke zwischen 1790 und 1792 Jura studierte, hat er an vielen Orten Station gemacht, an denen auch der Zug nach Stralsund hält und die durch abenteuerliche Verwicklungen mit der Inselgeschichte verbunden sind. In Berlin, der Stadt Schinkels, Chamissos, Schleiermachers, Kleists und Fontanes, die allesamt Rügen besucht und über die Insel geschrieben haben. Am Kloster Chorin, dessen Zisterzienser bis nach Hiddensee gekommen sind und wo Max Taut begraben liegt, der auf dieser Insel gebaut und gelebt hat. In Prenzlau am Ückersee, aus dem der Maler Jacob Philipp Hackert stammt, dem das Gutshaus Boldevitz die klassischen Bildertapeten verdankt und der versucht hat, Goethe nach Rügen zu locken. In Pasewalk, der einzigen uckermärkischen Hansestadt, deren Verbindungen schon früh bis nach Stralsund und Stockholm reichten und in der Ferdinand von Schill im berühmten Zweiten Pommerschen Kürassierregiment diente, dessen Chefin die Königin Luise war. In Greifswald, der Heimatstadt Caspar David Friedrichs, der die Insel mit seinen *Kreidefelsen auf Rügen* von 1818 weltberühmt gemacht hat, und das auch Hans Fallada und Wolfgang Koeppen zu seinen Söhnen zählt. Und schließlich in Stralsund, der schönsten pommerschen Hansestadt und großen Rivalin der Insel. Wizlaw I. von Rügen verlieh dem slawischen Fischerdorf Stralow am Strelasund schon 1234 das lübische Stadtrecht und hoffte, so eine Schutzfeste und einen Handelsplatz vor den Küsten seiner Insel zu gründen. Doch die Stralsunder wurden schnell zu selbstbewussten Hanseaten und dachten bald nicht mehr daran, nach der Pfeife der Rügenfürsten zu tanzen. Sie betrieben einen schwunghaften Handel mit nordischen Tuchen, Getreide und Erz und schickten ihrerseits Hering, Bier und Bernstein gen Süden. Auch der Schiffbau und der Pelzhandel mit Russland florierten, und Stralsund zeigte Rügen mit seinen prachtvollen Kirchen und festen Stadtmauern, dass es auf Schutz und Segen der Insulaner nicht mehr angewiesen war. Selbst den Truppen Wallensteins trotzte die Stadt im Dreißigjährigen Krieg, und wenn auch der Feldherr prahlte, er würde Stralsund herunterholen, selbst wenn es mit Ketten an den Himmel gebunden sei, er musste 1628 fluchend und unverrichteter Dinge wieder abziehen. Nach dem Westfälischen Frieden fielen Stralsund, Rügen und Hiddensee 1648 an das Königreich Schweden, dessen König Gustav II. Adolph auf dem Schlachtfeld von Lützen sein Leben für die protestantische Sache gelassen hatte. Die Schwedenzeit dauerte stolze 167 Jahre, und sowohl Stralsund als auch Rügen fuhren im Großen und Ganzen gut unter den Gouverneuren aus Stockholm. Der Altenkirchener Pfarrer Ludwig Gotthard Kosegarten brachte diese Zeit auf den dankbaren Zweizeiler:

Unter den Drei Kronen
Ließ sich's behaglich wohnen.

Ein Stoßseufzer, denn nach der Franzosenzeit zwischen 1807 und 1813 fielen Vorpommern und Rügen 1815 an Preußen, und mit der Behaglichkeit war es vorbei.

Die Rüganer haben sich gerade unter dem preußischen Kommiss immer als Südschweden gefühlt, und vor allem zu DDR-Zeiten wurde dieser Ära nachgetrauert. Wie schön wäre es gewesen, wenn man mit Schweden neutral bleiben, sich aus dem Tausendjährigen Reich und dem ersten Arbeiter-und Bauernstaat heraushalten und bis auf den heutigen Tag ein Königshaus hätte haben können. Hinterher ist man auch auf Rügen immer schlauer. Vorher wehten aber schon Mitte der zwanziger Jahre die ersten Hakenkreuzfahnen an der Küste, und die Nationalsozialisten feierten Wahlerfolge. Nachdem Gröfaz Hitler in den Amtsstuben abgehängt war und Generalissimus Stalin seinen Platz einnahm, folgten viele Rüganer dem revolutionären Aufruf der Partei zum Schlösserschleifen und Herrenhausplündern, und jahrhundertealtes Kulturgut ging unwiederbringlich verloren. Stalin hatte mit Rügen übrigens kühne Pläne. Als polnische Exilpolitiker von ihm 1944 bei Geheimverhandlungen in Moskau die Insel für ihr zukünftiges Staatsgebiet verlangten, ging er an die Landkarte, warf einen Blick auf die Ostsee und sagte kopfschüttelnd: »Das geht noch nicht. Rügen könnt ihr erst nach dem Dritten Weltkrieg haben.«

Wenn ich in Stralsund umsteige, schließe ich mein Gepäck im Bahnhof ein und nehme mir ein paar Stunden Zeit für einen Stadtbummel. Ich besuche Sankt Marien mit seinem barocken Posaunenengel und der Stellwagenorgel von 1659, das Kunsthistorische Museum mit dem Goldschatz von Hiddensee und den Bildern von Edith Dettmann, das alte Meeresmuseum im ehemaligen Katharinenkloster, wo im gotischem Chor ein Finnwalskelett schwebt und dessen Aquarien Riffhaie und Meeresschildkröten beherbergen. Ich spaziere durch die Rathausarkaden vorbei an der Büste Gustavs II. Adolph zum Alten Markt und bewundere die Rathausfassade mit den hanseatischen Wappen und Giebeln.

Vor dem Haus des berüchtigten Bürgermeisters Wulflam, angeblich Störtebekers Erzfeind und noch als Leichnam auf seinem Bürgermeisterstuhl thronend, denke ich an den Aufstieg der Hanse im Ostseeraum und den Preis von Monopolen. Ich werfe einen Blick in die Nikolaikirche mit ihrem prachtvollen Hochaltar und den gotischen Malereien, bestaune die astronomische Uhr Meister Lilienfelds von 1394 und das reichgeschnitzte Chorgestühl der Nowgorodfahrer. Die Löwensche Commandantur, der ehemalige Sitz der schwedischen Gouverneure, erinnert an die Schwedenzeit nach dem Dreißigjährigen Krieg. Schließlich komme ich im Hafen an und trinke ein Störtebeker-Bier mit Blick auf den alten Rügendamm, der seit 1935 Stralsund mit der Insel verbindet, und der neuen Rügenbrücke von 2007, einer architektonischen

Scheußlichkeit der Neuzeit, die sich als Symbol der Hybris über den Strelasund spannt. Dieser Spaziergang ist auch ein kurzer Lehrgang in vorpommerscher Geschichte von Wizlaw I. bis zu Angela Merkel, denn Stralsund gehört, wie die Insel Rügen, zum Wahlkreis der Bundeskanzlerin.

Heute habe ich mich verbummelt und stehe mit meiner Rechercheliste vor der verschlossenen Tür des Stadtarchivs im Johanniskloster. Also zurück zum Hafen in die Ringelnatzbar, da kann ich am besten auf den Kutter warten, der mich nach Arkona bringen wird. An der Theke lehnt eine junge Frau im blauen Sommerkleid, das wie Fischschuppen glänzt. Kaum habe ich mein nächstes Störtebeker bestellt, fragt sie spöttisch: »Na, heute Bier statt Bücherstaub?«

»Woher wissen Sie?«, frage ich erstaunt.

»Ich wohne gegenüber vom Archiv und habe Sie da schon ein paar Mal gesehen.« Sie lächelt. Was suchen Sie denn heute?«

»Ein paar Rügenreisende aus grauer Vorzeit.«

»Na, dann zeigen Sie mal her.«

Ich lege meine Liste auf den Tresen, und sie überfliegt die Namen.

»Da haben Sie sich ja was vorgenommen. Was wollen Sie denn von denen?«

»Ich bin auf der Suche nach den Ursprüngen einer alten Sage.«

»Von welcher, wenn ich fragen darf?«

»Der Sage von der Seejungfrau auf dem Waschstein am Königstuhl.«

»Interessant.« Wieder lächelt sie. »Gut, ich werde sehen, was sich machen lässt.«

»Arbeiten Sie denn im Archiv? Ich habe Sie dort noch nie gesehen …«

»Da hilft Ihnen das Archiv nicht weiter. Trinken Sie einen Küstennebel mit mir?«

Sie winkt, und vor uns erscheint ein wabernd-weißliches Getränk, das tatsächlich entfernt an Seenebel erinnert. Sie schiebt mir ein Glas hin und prostet mir zu.

»Sundine«, sagt sie.

»Sundine?«

»Aber ja. Erinnern Sie sich denn nicht?«

»Den Namen habe ich schon gehört, aber im Moment …«

»Macht nichts. Möchten Sie diesen Herrschaften nicht gern persönlich begegnen?«

»Sie scherzen!«

»Keineswegs. Wenn ich mein Versprechen halte, darf ich mir dann etwas von Ihnen wünschen?«

»Gerne, aber für Seemannsgarn ist es wohl noch ein bisschen zu früh.«

»Ach, meine Großtante Miete hat immer gesagt: Wer morgens mit Trinken anfängt, der hat den ganzen Tag was davon.«

»Das hat meine Großtante auch gesagt. Allerdings auf plattdeutsch.«

»Und, können Sie's noch?«

»Und ob«, sage ich stolz. »Wegger all morgens suppt, de hett den gaanzen Dag wat dorvon.«

Sie nickt. »Bestanden. Aber nun müssen Sie sich beeilen, Ihr Kutter ist da.«

Ich sehe aus dem Fenster, und da liegt tatsächlich der Seefuchs, und die Taucher legen schon die Festmacher um die Poller. Als ich mich wieder umdrehe, ist Sundine verschwunden und vor mir stehen zwei leere Gläser Küstennebel.

»Reden Sie öfter mit sich selbst?«, fragt die Kneiperin, als sie abkassiert.

»Bloß wenn ich Nixen sehe«, sage ich und sehe zu, dass ich hinauskomme. Auf der Brücke des Seefuchs steht der Skipper und tippt vorwurfsvoll auf seine Armbanduhr.

AM KAP ARKONA MIT SAXO GRAMMATICUS

Am nächsten Morgen wache ich mit schwerem Kopf auf. Die wunderbare Nachtfahrt durch Sund und Bodden, vorbei an Hiddensee und Wittow habe ich glatt verschlafen. Irgendwas muss in diesem Küstennebel gewesen sein, das mich eine Frau in einem Fischkleid hat sehen lassen, die mir weismachen wollte, ich könnte den längst verblichenen Rügenbesuchern auf der Insel begegnen. In Stralsund und auf Rügen muss man sich vor allen Getränken hüten, die bunt sind und in kleinen Flaschen kommen.

Der Seefuchs liegt schon vor Arkona vor Anker, und die Taucher grinsen, als ich mich an die Frühstücksback setze. Denen werde ich lieber nichts von Sundine erzählen. Sie haben mir Bismarckhering mit sauren Gurken hingestellt, eine Stralsunder Erfindung, die den stärksten Kater vertreibt.

»Wonach taucht ihr heute?«, frage ich, um keinen Spott aufkommen zu lassen.

»Nach dem Arkonawrack«, sagt der Leiter der Gruppe. »Willst du nicht mit runterkommen? Das macht wach.«

Ich bedanke mich, aber dann fallen mir die Sagen wieder ein, nach deren Ursprung ich auf der Suche bin.

»Habt ihr schon mal eine Kogge aus der Störtebekerzeit gefunden?«

»Hier noch nicht, aber vor dem Darß und vor Wismar liegen Hansekoggen. Du suchst wohl auch nach Störtebekers Schatz? Lass dich bloß nicht erwischen.«

Grinsen ringsum.

»Gibt's hier illegale Schatzsucher?«, frage ich ahnungslos.

»Jede Menge, und zwar mit Hochtechnologie. Was meinst du, was die schon aus den Wracks weggeschleppt haben. Ganze Geschütze samt Kanonenkugeln. Die bringen auf dem Antiquitätenmarkt bis zu vierzigtausend Euro. Aber wenn wir dich dabei erwischen, kannst du an den Strafbescheid noch eine Null ranhängen«.

Nach der Seejungfrau auf dem Waschstein werde ich die Taucher besser nicht fragen, aber die Wracks beschäftigen mich noch. »Wie viele liegen denn eigentlich vor Rügen?«

»Wir haben für das Landesamt für Bodendenkmalpflege inzwischen dreihundert Wracks aufgenommen, aber bei insgesamt zweitausend Schiffsverlusten vor der Insel kannst du dir ja ausrechnen,wie oft wir noch rausfahren müssen. Arbeit bis zur Taucherrente. Leider werden die Mittel knapp. Na, kommt Jungs, fertigmachen.«

Nach dem Frühstück bringen mich die Wracktaucher im Schlauchboot zu ihrer Basis nach Vitt. Über den Wellen sehe ich das Kap und das Fischerdorf im Morgenlicht. Vitt oder Vitte nannte man schon zur Hansezeit jene Küstenflecken, an denen der angelandete Hering eingesalzen, verpackt und verkauft wurde.

De Grote Vitt auf Wittow, dem Windland, war der bedeutendste Heringsumschlagplatz der Insel und hat deshalb auch seinen Namen behalten. Hier hielt der Altenkirchener Pastor Gotthard Ludwig Kosegarten während der Heringssaison seine Uferpredigten, weil er ansonsten eine leere Kirche vorgefunden hätte. So aber konnten die Fischer dem Wort Gottes lauschen und gleichzeitig die See beobachten. Näherte sich die blinkende Gottesgabe der Küste, ertönte der Ruf »De Hiering is dor!«, und dann ließen Männer, Frauen und Kinder Kosegarten einen guten Mann sein und stürzten zum Strand. Ihr Hirte nahm ihnen die respektlose Hast nicht übel, schließlich lebte auch er von den Fangerträgen. Die Uferkapelle, die er 1806 als Schlechtwetterzuflucht in Auftrag gab, wird auch mit Heringsgroschen errichtet worden sein. Kosegarten bat keinen Geringeren als Philipp Otto Runge um ein Bild für das kleine Gotteshaus.

Eine Kopie seines unvollendeten *Petrus auf dem Meere* kann man dort heute noch über dem Altar sehen, das Original hängt in der Hamburger Kunsthalle. An dem Christophorus-Fresko an der Ostwand ist Kosegarten unschuldig. Am besten, man setzt sich mit dem Rücken dazu auf eine der Bänke und genießt die Stille in dieser ansonsten ebenso schlichten wie klug proportionierten Kapelle.

Mein Weg führt mich am Ufer von Vitt nach Putgarten, und weil es noch früh am Morgen ist, begegne ich keiner Menschenseele. Auf Rügen lohnt es sich, auch im Urlaub früh aufzustehen und mit dem Wandern zu beginnen, während die anderen Besucher noch frühstücken.

Nach Arkona sind wir in meiner Kindheit gefahren, wenn wir Besuch hatten, der das Rügensche Nordkap bewundern wollte. Dabei habe ich auch zum ersten Mal die Geschichte von der Eroberung der Jaromarsburg durch die Dänen im Jahre 1168 gehört, von Swantevits Fall und Zerstörung und Bischof Absalons kriegerischer Bekehrung der slawischen Götzenanbeter.

Meine Tante Ella kannte sogar noch den Anfang eines Vaterlandsliedes von Wilhelm Müller, das sie in der Sagarder Dorfschule lernen musste:

Auf Arkonas Berge
ist ein Adlerhorst,
wo vom Schlag der Woge
seine Spitze borst.

Geborsten vom Schlag der Wogen und fast fünfzig Meter in die Tiefe gestürzt ist über die Jahrhunderte auch ein Großteil des alten Burgwalls, aber noch kann man seine Lage gut erkennen und den Wallhügel ersteigen. Als ich ankomme, sehe ich einen Mann in langem, dunkelbraunem Umhang und mit rotblondem Haar, den ich zuerst für einen Maler halte, denn die Leuchttürme von Arkona sind ein beliebtes Motiv der Sonntagsaquarellisten. Aber als er sich umdreht, blinkt ein Schwert an seinem Gürtel. Schon wieder ein Mittelaltermarkt in Putgarten? Aber woher stammt die lange Narbe quer über seiner Stirn? Er kommt auf mich zu und mustert mich.

»Guten Morgen, Fremder. Ist das Euer Schiff dort vor Anker? Ich sah Euch mit einem Boot kommen.«

Aha, also ein Spinner. So einen hatten wir mal einen Sommer lang in Sassnitz. Er wandelte in schwarzes Leder gehüllt unter den Kreideklippen, spielte Blockflöte und erzählte jedem, er sei der Hüter von Störtebekers Schatz. Allerdings hatte der kein Schwert und keine Narbe.

»Ja, ich komme vom Seefuchs. Und was machen Sie hier?«

»Ich warte auf Euch. Ihr habt Sundine um eine Unterredung gebeten. Hier bin ich: Saxo Grammaticus, Geheimschreiber des Bischofs Absalon von Roeskilde und Chronist der Historica Danica.«

Ich schwöre, dass ich zum Frühstück nur Apfelsaft getrunken habe. Also muss es die Nachwirkung vom Küstennebel sein. Am besten ich tue so, als wäre es das Normalste der Welt, hier einem Chronisten aus dem zwölften Jahrhundert zu begegnen, dessen Beschreibung der Schlacht um Arkona ich schon als Dreizehnjähriger verschlungen habe.

»Ich bin Ihnen sehr dankbar, dass Sie gekommen sind. Der Mann, ohne den wir den *Hamlet* nicht hätten!«

»Den was?«

»Den unglücklichen Dänenprinzen, Sie wissen schon…«

»Ach, den Amleth! Was ist mit dem?«

»Nun, immerhin das berühmteste Stück des Welttheaters.«

»Welttheater? Wovon redet Ihr?«

»Eine Art Mysterienspiel, verstehen Sie?«

»Über den Amleth?«

»Ein Engländer hat ihn nach Ihrer Chronik bearbeitet. William Shakespeare.«

»Man liest meine Historica also immer noch?«

»Und ob. Immerhin verdanken wir Ihnen auch die Nachricht über den Fall Arkonas und den Sturz des Swantevit«.

»Ja, das war eine merkwürdige Heerfahrt. Als wir im Frühjahr 1168 vor Arkona landeten und die Tempelburg belagerten, ging es nicht nur darum, diesen störrischen Slawen das Christentum zu bringen. Unser König Waldemar war beunruhigt, weil auch die Pommernherzöge und das Kloster von Corvey Anspruch auf Rügen anmeldeten. Also beauftragte er den Bischof Absalon von Roeskilde, einen Anlass zu finden, ins Feld zu ziehen. Ein guter Bischof findet immer einen Grund, die Waffen zu segnen.«

»Ja, das hat Tradition.«

»Absalon ließ den König verkünden, dass der viergesichtige Swantevit ursprünglich ein Geschenk seines Vaters und eigentlich der Heilige Veit gewesen sei, den die gottverlassenen Slawen zum Götzen gemacht hätten. Der Bischof hatte es so eingerichtet, dass der Tag nach unserer Landung der Tag des Heiligen war und dem Heer versichert, dass Sankt Veit an unserer Seite mit in die Schlacht ziehen würde.«

»Das nennt man heute psychologische Kriegsführung.«

»So? Wir haben sicherheitshalber mit ein paar Fackeln nachgeholfen, während die Verhandlungen ruhten. Am anderen Morgen stand das Palisadenwerk des Tempels in Flammen, und es gab nichts mehr zu verhandeln. Das habe ich natürlich etwas anders darstellen müssen, für die Nachwelt und den Ruhm der dänischen Waffen.«

»Zumal es wie ein Gottesurteil aussieht, wenn ein paar kleine Pferdejungen eine waffenstarrende Burg in Brand stecken.«

»Wie bei David und Goliath, nicht wahr? Die Slawen mussten kapitulieren und unsere Bedingungen annehmen. Da aber drohte das Heer dem Bischof mit Meuterei, weil es nach einer Kapitulation nichts mehr zu plündern gab. Absalon gab dem König und den empörten Herzögen zu bedenken, dass eine Plünderung nach der freiwilligen Aufgabe in allen anderen Festungen Rügens die größte Erbitterung hervorgerufen hätte und wir mit dem entschlossensten Widerstand rechnen müssten. Wenn wir aber Gnade walten ließen, dann würden die anderen Rüganer die Waffen strecken und Dänemarks König als ihren Herrn anerkennen.«

»Das nennt man heute Realpolitik.«

»Unser Herr Bischof verstand jedenfalls vom Kriegführen mehr als diese pommerschen Schlagetots, die nur das größte Stück vom Honigkuchen haben wollten. Wir brauchten ihre Soldaten, aber wir wollten die Herrschaft nicht mit ihnen teilen. Da es nicht zum Kampf gekommen war, hatten die Pommernherzöge ja auch keinerlei Anspruch. Sie kochten, aber sie wagten nicht, gegen Krone und Kreuz zu rebellieren. Aus dem Holz, das unsere Soldaten schon für Belagerungsmaschinen geschlagen hatten, wurde eine Kirche über Swantevits geschleiftem Tempel. Dona nobis pacem.«

»Und was wurde aus dem Tempelschatz?«

»Der wurde nach Roeskilde geschickt. Um des lieben Friedens willen bekamen die Pommern auch einen Anteil. Die waren mit etwas Gold auf die Hand schnell zu beruhigen. Seid Ihr auch auf Schatzsuche?«

»Nur im historischen Sinn. Man sagt, dass eine Seejungfrau Störtebekers Grab auf der Insel Tollow bewachen soll. Ich frage mich, ob das dieselbe sein könnte, die zu Johanni am Waschstein beim Königstuhl ein blutiges Hemd wäscht. Haben Sie von den Slawen etwas über diese Seejungfrau gehört?«

»Kein Wort. Das klingt nach heidnischem Aberglauben, mein Freund. Wir haben den Götzen gestürzt und die Priester verjagt, doch der Aberglaube scheint die Jahrhunderte überstanden zu haben. Ihr solltet Euch davor hüten.«

Und damit geht er den Burgwall hinunter und verschwindet vor meinen Augen. Die Leuchttürme von Arkona strahlen im Morgenlicht, und die Ostsee glitzert, als ob riesige Heringsschwärme durch die Tromper Wiek ziehen. Ich mache mich auf den Weg nach Altenkirchen und bin gespannt, ob dort auch jemand auf mich wartet.

IN ALTENKIRCHEN MIT KOSEGARTEN

Wenn mir einer bei der Suche nach dem Ursprung einer Sage helfen kann, dann Gotthard Luwig Kosegarten, der erste Sänger von Rügens Zauber, Pfarrer und Propst zu Altenkirchen von 1792 bis 1808, Autor längst vergessener Inselromane wie *Ewalds Rosenmonde und Jucunde von Castel*, Dichter von Rhapsodien und Melancholien, Übersetzer von Richardsons *Clarissa* und unermüdlicher Uferprediger.

Goethe und Schiller, die er mit seinen Rügener poetischen Blüten überschüttete, hielten ihn für verrückt, und Wilhelm von Humboldt, der ihn 1796 besuchte, für ein verstörtes Genie. Die Romantiker aber sahen in Kosegarten ihren Johannes und rannten ihm die Pfarrstube ein. Caspar David Friedrich, der Kosegartens Schriften durch seinen Lehrer Quistorp kannte, besuchte ihn während der Rügenreisen von 1801 und 1806, Schleiermacher nutzte die Verbindungen des Predigers für seine Spionagereise im Juni 1808 und Ernst Moritz Arndt war von 1796 bis 1798 Hauslehrer seiner Kinder. Kosegarten führte ein gastfreies Haus und muss nach Publikum gehungert haben. Humboldt glaubte den Grund zu kennen. *Seine häusliche Lage ist unglücklich, weil er eine Frau geheiratet hat, die ihm in keiner Art genügen kann. Auch mit seinen Finanzen soll es schlecht stehen, wodurch seine Schreibseeligkeit erklärbar wird.* Im Sommer 1804 soll er einmal 96 Besucher an einem einzigen Tag gehabt haben. Wer ohne Liebe und Geld am Ende der Welt lebt und dichtet, der ist für jedes Publikum dankbar. Kosegarten hat viel Hohn und Hochmut hinnehmen müssen und vielleicht auch manchen Anlass dafür gegeben. Aber es zeugt nicht von Geistes- und Herzensgröße, sich erst von einem Mann über seine Insel führen und bewirten zu lassen und ihn anschließend zum Gespött zu machen. Wenn seine Gedichte heute auch nur noch in den Schubertschen Vertonungen erträglich sind, so kann man aus seinen *Briefen eines Schiffbrüchigen* noch immer viel über das Rügen um 1790 lernen, und sie sind auch nicht ohne Humor geschrieben. Dass er es als Greifswalder Professor wagte, sich gegen den Geist der Zeit zu stellen und in einer Rede zum Kaisergeburtstag am 15. August 1809 auch die Verdienste Napoleons zu würdigen, sollte auch nicht vergessen werden.

Natürlich unterstellten ihm die patriotischen Kreise um Arndt sofort Opportunismus und Kriecherei, aber er verweigerte sich trotz aller Anfeindungen dem allgemeinen Franzosenhass: *Wenn ich nur niederfallen wollte vor dem bleiernen Kalb, das sie sich gegossen haben, vor ihrem dummen Götzen Teutschthum, dann wäre ich ein rechter Mann und Held.* Aber das tat Kosegarten nicht. *Weil das Menschenthum immer höher steht als das Volksthum, weil die Erdscholle, die mich trägt, mich nicht der Nabel des*

Universums dünkt. Darin war Kosegarten weiter als die heutige Provinzpolitik, die seit zwanzig Jahren verspricht, aus dem bleieren Kalb ein goldenes zu machen, es bisher aber immer nur mit Talmi übertüncht hat.

Das Gotteshaus von Altenkirchen gehört zu den ältesten und schönsten Backsteinkirchen der Insel und wurde nach dem Fall von Arkona um 1200 im romanischen Stil errichtet. Um den Triumph Christi über die Heidengötzen sichtbar zu machen, mauerte man den sogenannten Swantevitstein in die Ostwand ein, an die später eine Kapelle angebaut wurde. Der Stein zeigt einen Mann mit Spitz- und Knebelbart, der ein großes Trinkhorn in seiner Hand hält, weswegen man ihn auch für den Grabstein eines Priesters hält. Manche Wissenschaftler betrachten ihn als den Stein des Fürsten Tezlaw, einen Bruder Jaromars I. Vor der Kirche stehen alte Kapitäns- und Schiffersteine, die mit schönen Segler- und Ouroboros-Symbolen geschmückt sind, jener berühmten Seeschlange, die seit der Antike den ewigen Kreislauf des Universums verkörpert. Kosegarten selber liegt gleich neben dem Eingang zu seiner Kirche, und seinen Grabstein schmückt eine Liedstrophe von Paul Gerhardt:

Im Haus der ewgen Wonne
Da ich stets freudenvoll
Gleich als die helle Sonne
Nebst andern scheinen soll.

In der Kirche fallen das große Triumphkreuz aus dem vierzehnten Jahrhundert und der imposante Taufstein aus Gotland mit vier bärtigen Männerköpfen auf, die angeblich die vier Ströme des Paradieses symbolisieren. Die Slawen werden bei seinem Anblick wohl eher an ihren viergesichtigen Gott Swantevit gedacht haben. Auf der Bank vor der Kanzel sehe ich einen Mann in dunklem Gewand mit langen, grauen Haaren und müden Augen, der mir zuwinkt. Es ist tatsächlich Kosegarten, so wie ich ihn von dem Lipschen Kupferstich kenne.

»Gott zum Gruß, junger Herr. Sie sind mir avisiert worden, und ich bin froh, Sie in meiner lieben alten Kirche begrüßen zu dürfen. Hat man sie nicht prachtvoll restauriert?«

»Guten Morgen, Herr Kosegarten. Ich danke Ihnen, dass Sie sich meinetwegen bemüht haben.«

»Aber ich bitte Sie! Zu meinen größten Vergnügungen hat ja immer gehört, Reisenden meine Kirche und unser Wittower Land zu zeigen. Dort, wo ich jetzt bin, ist es zwar auch schön und ich kann sogar meine Uferpredigten halten, aber dieses Altenkirchen ist doch meine recht eigentliche Heimat geblieben. Sie sind hier ja kein Fremder, aber Sie haben eine Frage an mich, wie die gute Sundine mir sagte.«

»Es geht um die Sage von der Seejungfrau am Waschstein beim Königstuhl. Von der haben Sie doch sicher gehört?«

»Und ob! Ein wunderbar romantisches Märchen. Leider bin ich kein Sonntagskind, sonst wäre ich wohl auch einmal zu Johanni an den Strand gepilgert, um sie zu sehen. Wäscht sie nicht ein blutiges Hemd?«

»Allerdings. Von wem haben Sie die Sage gehört?«

»Von den Jasmunder Fischern. Die wussten viele Wassersagen, und einige davon habe ich in meine Romane und Poesien aufgenommen. Sie kennen vielleicht meine bescheidenen poetischen Versuche?«

»Um ehrlich zu sein, nicht alle.«

»Nun, immerhin einige. Nämlich welche?«

»Die *Briefe eines Schiffbrüchigen* und *Die Inselfahrt.*«

»Werden die noch immer verlegt? Das freut mich zu hören.«

»Ich habe sie in der alten Eckardtschen Ausgabe gelesen.«

»Die hab ich noch selber zusammengestellt und auch an Goethe geschickt. Mein lieber Sohn war damals beim Meister persönlich in Weimar und half ihm mit Übersetzungen bei der Zusammenstellung seines *West-östlichen Diwans*. Er war ja Orientalist und sprach arabisch, persisch und türkisch. Nachher ist er Professor in Greifswald geworden, so wie ich.«

»Einer meiner Vorfahren hatte auch eine poetische Ader, obwohl er nur ein Forstarbeiter in der Stubnitz war. Er kannte die Sage von der Seejungfrau, und ich hab mich immer gefragt, was das blutige Hemd zu bedeuten hatte. Haben Sie eine Ahnung?«

»Merkwürdig, dass Sie danach fragen. Dieses blutige Hemd hat mich lange beschäftigt. Man sagt ja, dass Meerjungfrauen keine Seele besitzen und sie sich deswegen nach uns Menschen sehnen. Nun, wie auch immer, aber die Stubbenkammer und die Stubnitz sind wahrhaft paradiesische Orte, und es scheint mir kein Wunder, dass unsere Vorfahren dort Fabelwesen gesehen haben. Ich selber bin oft hingewandert und hab auch ein Gedicht darüber geschrieben.«

Er zieht einen kleinen Band aus seiner Rocktasche und beginnt schwungvoll zu deklamieren:

»Wer bist du, Hain, der dicht und wild
Sein buchenträchtig Felsenhaupt
Der Sonn entgegen bäumt?
bist der Hertha Hain. Du bäumst
Die hohe Scheitel Sonn hinan
Zweihundert Hufen lang.

Mich wehen leise Schauer an
Es geht im dichten Buchenwald
Berg auf, Berg ab und rings
Ists still und dunkel. Wechselnd fasst
Mich Sonnenglut und Winterfrost
Und sträubt mein strömend Haar.

Wie brüllt das Meer! Wie saust der Wald!
Wie rauscht der blutge Opferstein!
Der schwarze Pfuhl, er dampft.

Das Messer glüht, der Stein wird rot
Von lauem Menschenblut. Das Meer
Brüllt auf. Es saust der Wald …«

Er begleitet seine Verse mit dramatischen Gesten, und obwohl ich mir Mühe gebe, ernst zu bleiben, muss er bemerkt haben, wie sehr ich mit dem Lachen kämpfe. Er klappt das Buch zu und legt es zur Seite.

»Nun ja, das gilt heute sicher als albern und altmodisch und ist ja auch so gut wie vergessen.«

»Keineswegs. Wer nach Rügen kommt, der hört von Ihnen.«

»Ja, als von dem Sonderling, einem poetischen Phantasten mit Uferpredigten und Schwärmereien. Sie müssen nicht höflich sein, junger Freund. Wir haben auch Bücher und Zeitungen da, wo ich jetzt bin.«

»Und was tun Sie dort, wenn ich fragen darf?«

»Darüber darf ich nicht reden. Lesen Sie meine Gedichte. *Sterbend gewinnt die Seele das Leben und im Nichts gewinnt sie das All.* Fahren Sie nach Hiddensee, da gibt es Flecken, die sind beinahe wie der Ort, an dem ich jetzt weile. Dort werden Sie auch mehr über die Seejungfrau erfahren. Gott mit Ihnen.«

Damit steht er auf, nickt mir zu und verschwindet durch die kleine Tür neben dem Altar in die Sakristei. Auf dem Platz, auf dem er gesessen hat, liegt ein kleiner grüner Band mit goldener Leier und der Aufschrift *Kosegartens Poesieen.*

VON ALTENKIRCHEN ÜBER DIE INSEL BIS NACH HIDDENSEE

Am anderen Morgen beschließe ich, Kosegartens Rat zu folgen, borge mir bei einer befreundeten Malerin in Altenkirchen nach dem Frühstück ein Rad und fahre in Richtung Schaabe. Dieser schmale Landstreifen verbindet Wittow mit Jasmund. Um alle Sehenswürdigkeiten auf dem Weg nach Hiddensee anzusehen, braucht man mindestens eine Woche. Ich hätte auch ein Fährschiff von Breege oder Wiek nehmen können, aber das Vergnügen hebe ich mir für die Rückfahrt auf.

Die erste Pause lege ich in Juliusruh ein. Hier finden sich die Anfänge des Rügener Ostseebadelebens, denn lange vor Fürst Wilhelm Malte zu Putbus legte Julius von der Lancken 1795 am südlichen Ende seines Guts einen Kurpark an, der jedermann zugänglich war. Ein kostspieliges Unterfangen auf dem sumpfigen Heideland hinter den Dünen, aber Herr Julius wollte einen Ruhesitz nahe am Meer. Er entwarf nebeneinander einen englischen Landschaftspark und einen französischen Garten à la Versailles, mit Alleen und Rondellen, Landhaus und Badehaus, Teichen und Pavillons. Die Linden ließ er aus Schweden kommen und den Marmor aus Italien. Der große Teich vor dem Schloss wurde mit blauen Fliesen ausgemauert und mit Karpfen bevölkert. Das Schloss war zwar nur ein klassizistisches Landhaus mit acht Zimmern, dafür aber mit einer Bibliothek und einem Speisesaal für dreißig Gäste ausgestattet. Seine Prinzessin fand der romantische Gutsherr bei einem Spaziergang am Rande seines Parks, wo sie mit fünf anderen Wittower Mädchen am Feldrain vesperte und Erntelieder sang. Die Fischertochter Juliane Gaten war nicht nur die hübscheste, sondern auch die musikalischste von ihnen, und es gelang Julius, ihren misstrauischen Vater zu überreden und sie im Jahre 1800 aus dem Katen in sein Schloss zu führen. Der Rügener Adel war empört, aber Juliane und Julius scherten sich nicht darum, sondern wurden glücklich und bekamen viele Kinder. Es hätte ausgehen können wie bei den Brüdern Grimm, wenn Julius sich mit Juliusruh nicht finanziell übernommen hätte. So aber musste er sein Orplid 1803 an den Vetter Phillip Carl verkaufen und mit Juliane und den Kindern nach Berlin ziehen, wo er 1813 starb. Geblieben sind ein verwilderter Park, ein Findling mit seinem Namen und die Legende von einer großen Liebe.

Wenn man die Schaabe entlangfährt, sollte man ab und zu in einen der Waldwege einbiegen, die an die Ostsee führen und von den Dünen aus einen Blick über die Tromper Wiek werfen. Obwohl es keinen Nachweis dafür gibt, bin ich überzeugt, dass Caspar David Friedrich hier zum ersten Mal seinen *Mönch am Meer* gesehen hat. Heinrich von Kleist hat seinen Eindruck von dem modernsten aller Friedrichschen Bilder 1810 in seinen *Berliner Abend-*

blättern festgehalten: *Herrlich ist es, in einer unendlichen Einsamkeit am Meeresufer, unter trübem Himmel, auf eine unbegrenzte Wasserwüste hinauszuschauen. Dazu gehört gleichwohl, daß man hingegangen sei, daß man zurück muß, daß man hinüber möchte, daß man es nicht kann, daß man alles zum Leben vermißt und die Stimme des Lebens dennoch vernimmt.* Auch Kleist kannte diese Dünen, denn er hatte im Frühsommer 1800 mit seiner Schwester Ulrike von Sagard aus einen Ausflug nach Altenkirchen gemacht.

Weiter geht es durch Glowe, an dessen Ortsausgang die Gebäude der Seefunkstation Rügen-Radio stehen, die seit 1949 mit den Hochseefischern auf allen Weltmeeren in Funkkontakt stand, bis moderne Satelliten ihre Aufgabe übernahmen. Etwas abseits in einer Kurve an der Landstraße liegt das Dorf Ruschvitz, das die Rüganer zum Geburtsort von Klaus Störtebeker erklärt haben, obwohl Rotenburg und Wismar ihm diese Ehre mit Urkunden streitig machen. Hier soll der blonde Klaus nach einer ungerechten Bestrafung wegen heimlichen Bierkonsums den Gutsvogt niedergeschlagen und mit seiner Braut Nele in einem Fischerboot zu den Likedeelern des Goedeke Michel geflohen sein, deren Schiffe in der Tromper Wiek ankerten. Um von den Vitalienbrüdern aufgenommen zu werden, musste Klaus einen Zinnteller aufrollen, ein Hufeisen zerbrechen und einen riesigen Humpen Bier in einem Zug leeren, womit er sich seinen plattdeutschen Namen verdiente, zu Hochdeutsch: Klaus Stürzebecher.

Varianten seiner Abenteuer kann man jeden Sommer auf der Freilichtbühne von Ralswiek erleben, wo sich der berühmteste Freibeuter der Ostsee unter Einsatz jeder Menge Pyrotechnik und Musik mit Hansebütteln, Kreuzrittern und Sarazenen herumschlagen muss.

Die nächste Rast lege ich auf dem Tempelberg von Bobbin ein. Von hier aus hat man einen weiten Blick über den Großen Jasmunder Bodden und die Ostsee bis nach Arkona. Unbedingt zu empfehlen ist der Besuch der Bobbiner Kirche Sankt Paul, die schon 1250 als *Ecclesia de Babyn* urkundlich erwähnt wurde und die einzig erhaltene Feldsteinkirche Rügens ist. Ihren prächtigen Barockaltar und die Patronatsempore verdankt sie dem schwedischen Grafen Carl Gustav von Wrangel, der für seine Dienste als Feldmarschall im Dreißigjährigen Krieg von der Krone im Jahr 1649 mit der Herrschaft Spyker belehnt wurde. Wrangel baute das verfallene Kastell am See nach dem Vorbild seines schwedischen Stammsitzes Skokloster zu einem Renaissanceschlösschen um. Heute kann man unter den prächtigen Stuckdecken, die die vier Jahreszeiten feiern, herrschaftlich tafeln. Der Graf soll noch immer im nordöstlichen Turm herumspuken. Eine Legende behauptet, dass er hier vom Stralsunder Henker wegen seines Versagens gegen die Brandenburger vor Fehrbellin enthauptet worden sei. Ich habe besagtes Zimmer mehrmals bewohnt, bin aber weder dem kopflosen Grafen noch dem Blutfleck begegnet, der sich zur Mitternacht im Mauerwerk abzeichnen soll. Der Spykersche Weinkeller entschädigt für den entgangenen Spuk, und wenn man genügend Flaschen leert, wird sich zur späten Stunde vielleicht doch der eine oder andere Schlossgeist zeigen. Schiller hat den alten Wrangel als schwedischen Gesandten in *Wallensteins Tod* auftreten lassen, und in Philip Galens Abenteuerschwarte *Der Strandvogt von Jasmund* spielen Schloss Spyker und seine Bewohner ebenfalls eine wichtige Rolle. An den wenigen Regentagen auf Rügen kann man in der Schlossbibliothek ausführlich Rügensche Geschichte in Welt- und Lokalliteratur studieren.

Von Bobbin aus fahre ich an den Tieschower Feldern entlang in Richtung Sagard. Von weitem leuchten die Kreidebrüche der sogenannten Kleinen Stubbenkammer bei Gummanz, wo sich ein Besuch des Kreidemuseums und seiner ausgezeichneten Fossiliensammlung lohnt. Hier bekommt man eine Ahnung, wie es bei uns aussah, als das zukünftige Deutschland noch unter den Wogen des Kreidemeeres lag. Aber ich habe noch eine ziemliche Strecke vor mir, deshalb fahre ich nach Sagard weiter und stelle mein Rad an die Kirchenmauer von Sankt Michael, von wo aus ich einen Spaziergang in die Brunnenaue mache. Die Kate meiner Großmutter neben dem Pfarrgarten ist längst verschwunden, aber der Apollonienmarkt hat an der Stelle, an der früher die Gemeindepumpe stand, einen Springbrunnen mit Fröschen und Enten bekommen. Von hier aus geht es zur Brunnenaue, dem nun wirklich ersten und ältesten Bad der Insel, das der umtriebige Pfarrer Heinrich von Willich 1794 als Brunnen-,

Bade- und Vergnügungsanstalt zu Sagard gründete und mit seinem Bruder Moritz Ulrich, dem Rügener Landphysikus, betrieb. Als der Berliner Oberkonsistorialrat Johann Friedrich Zöllner sie 1795 besuchte, fand er dort nicht nur ein Badehaus neben der Quelle vor, sondern auch eine Kegelbahn, Karusselle und Schaukeln und sogar ein Ballhaus mit Billardzimmer. Das Sagarder Bad wurde bald bis nach Berlin bekannt. Friedrich Schleiermacher kam mit Henriette Herz, verliebte sich in die junge Witwe Ehrenfried von Willichs und heiratete sie am 18. Mai 1809 im Badehaus, weil die Kirche von den französischen Besatzern als Lazarett zweckentfremdet war. Allerdings währte die Sagarder Herrlichkeit nicht lange, denn schon um die Jahrhundertwende wagten sich die ersten Badelustigen in die Fluten der Ostsee. Auch dabei machte Pfarrer Schleiermacher den Anfang und zog 1824 mit Kind und Kegel, Betten und Büchern als erster Badegast in Sassnitz ein. Heute ist die Brunnenaue wieder ein gepflegter kleiner Park, und man kann in dem einstigen Idyll spazierengehen, das auch Heinrich von Kleist und Christoph Hufeland angezogen hat. Ich habe als Kind aus der rostroten Quelle Osterwasser geholt, und der weiße Kreidebach gab mir eine vage Vorstellung davon, wie das Land aussehen muss, in dem Milch und Honig fließen. Heute fülle ich wieder meine Wasserflasche und werfe noch einen kurzen Blick ins Pfarrhaus, in dem ich vor Jahren dank der erhaltenen Kirchenbücher unseren Familienstammbaum bis ins Jahr 1790 zurückverfolgen konnte und darin meinen sagenhaften Ururgroßvater entdeckte. Auch die Kirche Sankt Michael mit ihrem Barockaltar und der Orgel von Christian Kindt sind einen Besuch, zum Beispiel zu einem abendlichen Sommerkonzert, wert.

Am Ortsausgang von Sagard erhebt sich auf dem Feld linker Hand der Dobberworth, ein bronzezeitliches Hügelgrab, das 3500 Jahre alt ist und zu den größten seiner Art in ganz Norddeutschland gehört. Meine Großtante wusste, dass hier Unterirdische hausen und ihre Schatzkammern hüten. »De sünn lütt as de Mullworms, över de hebben mier Gold as Störtebekern«, behauptete sie.

Den Einwand meiner Mutter, dass die Eingangslöcher von Feldhasen stammen, habe ich nie ernst genommen. Die Unterirdischen sind großzügige und hilfsbereite Wesen, solange man sich an ihre Anweisungen hält. Wer aber versucht, sie übers Ohr zu hauen oder unerlaubt nach ihren Schätzen gräbt, der erlebt sehr unangenehme Überraschungen. Die Sage erzählt allerdings, sie seien zuletzt von der Gier und dem Starrsinn der Insulaner so verärgert gewesen, dass sie aufs Festland ausgewandert und nie wieder zurückgekommen sind. Die anhaltende Abwanderung der klügsten Köpfe der Insel ist mindestens ebenso tragisch, zumal diese Köpfe oft von den schönsten Rügener Mädchen getragen werden.

Von Sagard fahre ich auf dem Radweg neben der B 96 weiter nach Lietzow. Das weiße Schloss, das dort über den Ort und den Bodden strahlt, ist eine Kopie von Schloss Lichtenstein bei Reutlingen, das durch den gleichnamigen

Roman von Wilhelm Hauff berühmt wurde. Erbaut hat es um 1868 der Ingenieur, dem die Rüganer den Damm und die Eisenbahnverbindung zwischen Inselkern und Halbinsel Jasmund verdanken. In die Wissenschaftsgeschichte ist der kleine Badeort durch archäologische Grabungen eingegangen, die hier über zwanzigtausend Äxte, Faustkeile und Pfeilspitzen zutage förderten und zur Lietzow-Kultur erklärt wurden, eine Art steinzeitlicher Waffenschmiede.

Weiter geht die Fahrt vorbei an Ralswiek, das lange vor den Störtebekerfestspielen durch den Fund von Wikingerbooten und einem orientalischen Hacksilberschatz bekannt wurde. Archäologen fanden hier 1973 arabische Dirhams und persische Drachmen und konnten nachweisen, dass dieses ranische Hafendorf schon vor mehr als tausend Jahren Handelsbeziehungen bis in den Orient unterhielt. Über dem Ort und der Freilichtbühne erhebt sich ein Schloss, das der Industrielle Hugo Graf Douglas 1893 im Stil französischer Loireschlösser errichten ließ und das neben der Jugenstilbibliothek von Henry van de Velde auch eine bemerkenswerte Sammlung Rügener Landschaftsmalerei und Grafik beherbergt. Heute ist es ein Hotel, in dem man heiraten, faulenzen und kostenlos das allabendliche Piratenfeuerwerk betrachten kann.

Um die letzte Fähre von Schaprode zu bekommen, muss ich jetzt kräftig in die Pedale treten, Ralswiek rechts und Bergen links liegen lassen. Wer mehr Zeit hat, sollte die oft geschmähte Inselhauptstadt aber unbedingt besuchen. Die Marienkirche ist nicht nur das älteste Gotteshaus Rügens, sondern durch seine gotischen Fresken auch die kunsthistorisch bedeutendste. Vor allem die Höllen- und Fegefeuerszenen hatten es mir in meiner Kindheit angetan und beeindruckten mich mehr als die Wonnen des Paradieses, die schon damals verblassten. Vielleicht hatten die Mönche für die Hölle bessere Farben genommen oder der Maler besaß von Höllenqualen intensivere Vorstellungen als von Paradiesfreuden, jedenfalls habe ich den feurigen Höllenrachen nie vergessen.

Um 1180 wurde die Kirche als romanische Palastkapelle für Fürst Jaromar I. errichtet. Absalon von Roeskilde wies sie nur einige Jahre später dem 1193 gegründeten Zisterzienserinnenkloster zu. Der in die westliche Außenwand eingemauerte sogenannte Mönchstein wird heute von der Forschung als slawischer Grabstein angesehen, von einigen sogar als der Jaromars I. Im benachbarten Klosterhof gibt es ein Museum, das Stadt- und Kirchengeschichte von früher Klostermalerei bis zur insularen Gegenwartskunst zeigt. Bergen war aber nicht nur Kirchen- und Verwaltungszentrale, sondern hat auch Persönlichkeiten wie Johann Jacob Grümbke, Arnold Ruge, Theodor Billroth sowie Hans und Max Delbrück hervorgebracht. Auf dem Rugard, dem Standort der alten Slawenburgen seit Jaromar I., steht heute der Ernst-Moritz-Arndt-Turm, der 1869 anlässlich des hundertsten Geburtstags des Rügener Patrioten errichtet wurde und von dem aus man weit über den Bodden und bis nach

Jasmund blicken kann. An Arndt scheiden sich die Geister. Die einen sehen in ihm noch immer den Franzosenfresser und Teutschtümelanten voll antisemitischer Ausfälle, die anderen verweisen auf seine Verdienste bei der Abschaffung der Leibeigenschaft und seine Rügener Sagen- und Märchensammlungen. Letztere lohnt es sich auch heute noch zu lesen.

Von Bergen aus führt eine windige Alleenstraße über Trent zum Fährhafen Schaprode. Leider muss ich auch das Angerdorf Gingst links liegen lassen, welches ebenfalls eine sehenswerte Backsteinkirche und eine der schönsten Buchhandlungen der Insel besitzt.

1774 schrieb das Dorf Geschichte, als der Pastor Johann Gottlieb Picht mit Genehmigung der schwedischen Regierung die Leibeigenschaft aufhob und für seine Gemeindemitglieder Webstuben eröffnen ließ. Aus diesen Webereien kamen Damaststoffe, die bald in ganz Pommern begehrt waren. Der weitsichtige Picht ist von keinem Geringeren als Johann Heinrich Füssli gezeichnet worden, als der 1763 mit seinen Freunden Lavater und Hess die Insel und den Malerkollegen Hackert auf Gut Boldevitz besuchte. Die Hackertschen Tapeten zeigen Ideallandschaften der Stubbenkammer und des Jasmunder Boddens und entstanden als früheste Rügendarstellungen während Hackerts Aufenthalt bei dem Kunstmäzen Adolf Friedrich von Olthof zwischen 1762 bis 1764. Schon der Spaziergang durch den Gutspark mit prächtigen alten Kastanien und Platanen lohnt den Ausflug.

Auch die Wegekirche von Trent mit Barockaltar und einem Beichtstuhl mit Gottes Ohr und Auge kann ich diesmal leider nicht mehr besuchen, obwohl es genug zu beichten gäbe. Mein Weg führt vorbei an Granskevitz und Udars, der sinkenden Sonne nach zum Kirchturm von Schaprode, auf dem der goldene Turmhahn ins Westrügener Land kräht. Die letzte Fähre nach Hiddensee geht um halb sieben, und so bleibt mir noch eine halbe Stunde Zeit, bei Eier-Keil am Hafen mein Bier zu trinken. Ich proste den berühmten Theaterkollegen zu, deren Autogrammkarten die Wände schmücken, und denke an den legendären Wirt Arnold Keil, bei dem es zu jeder Jahreszeit Bier, Grog und Spiegeleier mit oder ohne Brot gab. Im Sommer 1989 habe ich hier manchmal mit dem Ortschronisten Werner Schröder gesessen und mir von der mittelalterlichen Weltgeschichte Schaprodes erzählen lassen.

Um 1259 eskalierte eine Auseinandersetzung zwischen dem dänischen König Christoph I. und dem Erzbischof von Lund, Jacob Erlandson. Erlandson war ohne königliche Zustimmung von Papst Innozenz IV. in sein Amt eingesetzt worden und hatte seinen Verwandten Peder Bang zum Bischof von Roeskilde gemacht. Der König widerrief diese Berufungen und ließ den Erzbischof gefangen setzen, worauf Bischof Bang nach Schaprode floh, das damals zu seinem Bistum gehörte. Von hier aus verhängte er im März den Kirchenbann über Christoph und erließ das *Interdict von Scaprode*.

Die Mutter und ein Bruder Erlandsons waren ebenfalls hierher geflüchtet, man verbündete sich mit Jaromar II. und danach ging es zu wie bei Shakespeare. Im April 1259 landeten die Truppen Jaromars mit den Erlandsons auf Seeland, im Mai starb König Christoph an vergiftetem Abendmahlswein, im Juni unterlag das Heer der königlichen Witwe Margarethe Sambiria den Rügener Eindringlingen, die Kopenhagen eroberten und anschließend Bornholm und Schonen plünderten. Offenbar hatte Jaromar vor, die Dänen so zu schwächen, dass er sich endlich von ihrer Lehnshoheit befreien konnte. Auf Schonen aber traf ihn 1260, wie ein dänischer Chronist schreibt, *der rächende Dolch eines tapferen Weibes*, und das Blatt wendete sich. Papst Urban IV. wollte die blutigen Wirren beenden, setzte Erzbischof Erlandson wieder ab, sodass der abermals nach Schaprode fliehen musste und 1274 unter mysteriösen Umständen starb. Seine Gebeine wurden in den Dom zu Lund überführt und der Mantel des Schweigens über dieses dunkle Kapitel gebreitet. Werner Schröder konnte das alles in schönstem Plattdeutsch erzählen, das mich mit seinen bildhaften und drastischen Formulierungen an Shakespeares Stratford-Englisch erinnerte und klang wie: »Un denn hett de Olsch uns Jaromarn hinnerhöllig mit'n Metz afstäken as son dullbrägigen Äwer un dor hett hei noch ees quiekt und rumms! sien Mors taun Häben bört!«

Es muss auch eine ansehnliche Burg bei Schaprode gestanden haben, denn 1315 belehnte König Erich von

Dänemark den letzten Rügenfürsten und Minnesänger Wizlaw III. mit *Schloss und Land Scaprod.* Von der Burg hat sich aber nichts erhalten, und an die blutige Vergangenheit erinnert nur noch die geheimnisvolle Mordwange am Ortseingang. Aber jetzt tutet das Schiffstyphon der Fähre schon zum zweiten Mal, und es wird höchste Zeit, dass ich austrinke und an Bord gehe.

ZUM KLEINEN INSELBLICK MIT RINGELNATZ UND MUSCHELKALK

Nach Hiddensee kommt man von Schaprode mit der Fähre oder dem Wassertaxi, je nachdem, wie eilig man es hat. Wer ein eigenes Boot oder eine Yacht besitzt, kann auch selber hinsegeln, muss aber auf die Betonnung achten, denn der Bodden ist hier flach und die Fahrrinne schmal. Berühmt geworden ist das »Capri von Pommern« durch die Erwähnung in der *Edda*, den goldenen Wikingerschmuck, die Hiddenseer Fayencen, das rastlose Werben Alexander Ettenburgs, durch ein Stück und einen Roman Gerhart Hauptmanns und Gedichte von Ringelnatz, durch Bilder Elisabeth Büchsels und Otto Muellers, durch Asta Nielsen und Gret Palucca sowie durch die Seebühne Vitte und den Kleinen Inselblick in Kloster. Aber der Reihe nach.

Heißt sie schnell zu den Schiffen gehen
Daß sie aus Brandey uns Hilfe bringen
Da harrte der König bis zur Samnung kamen
Helden vielhundert von Hedinsey.

So heißt es im neunzehnten Gesang der *Edda* und so tritt die Insel schon im dreizehnten Jahrhundert in die Weltliteratur. Ob mit Hedinsey tatsächlich Hiddensee gemeint war, ist eine Frage, die sich für den echten Hiddenseer nicht stellt, zumal ja der Goldschatz der Wikinger siebenhundert Jahre später bewiesen hat, wie wichtig die Insel für die Raubzüge der Drachenbootmänner in der Ostsee gewesen ist. Königliches Geschmeide verbuddelt man nicht auf irgendeiner Sandbank, und so umstritten auch die genaue Herkunft des 1872 von einer Sturmflut freigespülten Schatzes ist, so unzweifelhaft ist sein kulturhistorischer Rang. Es handelt sich um ein Meisterwerk wikingischer Goldschmiedekunst und soll von König Harald Blauzahn, dem ersten getauften Herrscher der Dänen, auf der Flucht vor seinem heidnischen Sohn Sven Gabelbart hier versteckt worden sein. Das sechzehnteilige Kunstwerk aus filigran bearbeitetem Goldblech besteht aus Kreuzen mit Raubvogelköpfen, die eine Verschmelzung christlicher und germanischer Symbole bezeugen und die Blauzahn zu seiner Taufe getragen haben soll. Die Fibel, die möglicherweise zum Schmuck der Königin gehörte, zeigt heidnische Drachen.

Das Original liegt nach abenteuerlichen Irrfahrten in einem Safe des Kulturhistorischen Museums zu Stralsund und ist mit einem dreistelligen Millionenbetrag versichert, weswegen man dort und im Inselmuseum zu Kloster nur eine Kopie zu sehen bekommt. Für wesentlich weniger Geld kann man ein Stück von diesem Schatz als Kopie in Gold, Silber oder Bronze und natürlich auch in Bernstein in fast jedem Schmuckladen Rügens zwischen Kap Arkona und Altefähr erwerben. Stilvoller ist es selbstverständlich, das Wikingerkreuz von Hiddensee mitzubringen.

Auf die Wikinger folgten zur Zeit der Völkerwanderung die slawischen Ranen, die ihren Gott Swantevit mitbrachten und sich allen Missionsversuchen der Dänen und Pommern bis 1168 hartnäckig widersetzten. Erst als Arkona fiel, waren die Tage der Slawengötter auch auf Hiddensee gezählt. Wizlaw III. förderte ab 1296 die Klostergründung durch die Zisterzienser, die mit den Alteingesessenen bald wegen der Todrift der alten Strandgutrechte aneinandergerieten. Mehrere Klosterbrände werden auf diese Streitigkeiten zurückgeführt, aber irgendwann hatten selbst die störrischen Ranen von der Gier und Gefräßigkeit der Mönche genug und suchten das Weite. In der Folge mussten die Rügenfürsten Kolonisten aus Niedersachsen und Sachsen nach Rügen locken, um die wüst liegenden Höfe und Äcker wieder zu besiedeln und der ewigen Ebbe in ihrer Landeskasse zu begegnen. Die Sachsen kommen bis heute, doch die Ebbe in der Landeskasse hält wundersamerweise an. Die Reformation beendete die Klosterherrlichkeit, und die ebenfalls stets klammen Pommernherzöge zogen eilends den Kirchenbesitz ein und überließen es dem lieben Gott, für seine irdischen Diener zu sorgen.

Ein halbes Jahrhundert später versuchten sie verzweifelt, ihr armes Pommernland aus dem Dreißgjährigen Krieg herauszuhalten. Aber als Schweden eine Chance sah, seine Reichsgrenzen im Streit zwischen Reformierten und Katholischen zu erweitern und Pommern zum Aufmarschgebiet seiner Heere machte, brannte Pommern endgültig ab und selbst die Maikäfer flohen in alle Welt, wie das alte Lied weiß. Wallenstein höchstpersönlich sorgte während der Belagerung Stralsunds im Jahre 1629 dafür, dass auch die Wälder Hiddensees in Flammen aufgingen, damit die Dänen kein Bauholz für Schanzwerk und Schiffe fanden.

Doch alles Brennen und Sengen konnte nicht verhindern, dass Rügen und Hiddensee nach 1648 schwedisch wurden und es bis 1815 blieben. Die kleinere Insel wechselte allerdings zwischen 1657 und 1750 des Öfteren die Besitzer und bekam 1753 mit dem Stralsunder Kaufmann und Bankier Joachim Ulrich von Giese einen Herrn, der dieses Kleinod zu schätzen wusste. Vor allem den blauen Cyprinenton von der Nordküste, welchen er abbauen und nach Stralsund verschiffen ließ, wo ab 1757 jene blauweißen Hiddenseer Fayencen entstanden, die heute noch im Kulturhistorischen Museum zu bewundern sind.

Nach Gieses Tod wurde die Produktion leider eingestellt, und die Seltenheit der über die Jahrhunderte gekommenen Terrinen und Teller machte sie zu begehrten Sammlerstücken. Als Gieses Frau Sophie 1795 die Insel weiterverkaufen wollte, wurde sie von einer Hiddenseer Abordnung aufgesucht, die im Namen der Inselbevölkerung erklärte, sie würden freiwillig mehr Steuern und Dienste leisten, wenn die Frau Kammerrätin nur ihre Herrin bleiben wolle. Ein solches Angebot hat es auf Hiddensee weder vorher noch nachher je wieder gegeben.

1806 machte der schwedische König Gustav IV. Adolph per Verordnung Schluss mit der unseligen Leibeigenschaft, die drei Jahre zuvor Ernst Moritz Arndt in einer Streitschrift scharf angegriffen hatte. Der König hatte allerdings nicht nur humane Beweggründe, sondern brauchte dringend Soldaten für seine Landwehr gegen die heranrückenden französischen Heere, die ihm der Rügener Adel vorher verweigert hatte. Dass die jungen Männer der Insel lieber im Kampf gegen Napoleon sterben als weiter unter der Fuchtel der Junker leben wollten, wirft ein bezeichnendes Licht auf ihre Lebensverhältnisse. Von 1807 bis 1813 besetzten die Franzosen Rügen und sollen am Dornbusch einen Außenposten gehabt haben, um die Kontinentalsperre gegen England auch von Hiddensee aus durchzusetzen.

Mit den Niederlagen Bonapartes in Russland und bei Leipzig endete 1813 die Franzosenherrschaft auf Rügen und Hiddensee. Das ehemalige Schwedisch-Pommern wurde nach den Verhandlungen auf dem Wiener Kongreß 1815 preußisch und blieb es bis 1945.

Hiddensee kam zum Königlichen Regierungsbezirk Stralsund, und das Kloster zum Heiligen Geist kaufte die Insel 1835 von den Erben des Ritters von Bagewitz als Kapitalanlage, um aus den Einkünften die Armen- und Altenpflege der Stadt zu bezahlen. Hiddenseer Männer zogen von nun an in preußische Kriege und fielen für König, Kaiser und Vaterland in Dänemark, Frankreich und in den Seeschlachten des Ersten Weltkriegs im Kattegatt und Skagerrak, in den Weiten des Atlantiks und selbst im fernen Pazifik. Ihre Namen kann man in der Kirche zu Kloster lesen und darüber nachdenken, warum noch heute für viele junge Insulaner die Uniform die einzige Arbeitskleidung ist, die ihnen einen Ausweg aus Arbeitslosigkeit oder Almosenkasse bietet.

Auf dem Friedhof von Kloster lässt sich Inselgeschichte unter freiem Himmel studieren. Man findet hier neben alten Kapitäns- und Fischergräbern auch einen Abt aus dem Nikolaikloster und jede Menge Kunstprominenz, die ihren Grabstein unbedingt auf Hiddensee errichten wollte. Gerhart Hauptmann gehört ebenso dazu wie Oskar und Max Kruse, Walter Felsenstein oder Gret Palucca. Aber einer fehlt, der sich am sehnlichsten eine letzte Ruhestätte auf der Insel, auf der er nie zur Ruhe kam, gewünscht hat: Alexander Ettenburg, der Einsiedler von Hiddensee. 1858 als Gutsbesitzersohn in Schlesien geboren, zog es ihn schon früh zur Bühne, und auch sein Leben verlief dramatisch. Nach der Schauspielschule und einigen kurzen Engagements an Provinzbühnen musste er schon 1884 aus Gesundheitsgründen das Theater aufgeben. Er zog nach Altefähr, wo er mit väterlichem Geld die Villa Alexander zum Hotel Seeschloß umbaute und zu einem Künstlerhotel machen wollte.Leider war er ebenso großzügig wie gutgläubig und schrieb an, bis er das Seeschloß abschreiben und mit hohem Verlust verkaufen musste. 1895 zog er mit seinem Esel Hansi und dem Kater Pussi nach Hiddensee und ließ sich in Grieben nieder, wo er mit dem Rest seines Geldes in einem alten Fischerkaten die Schwedische Bauernschänke eröffnete.

Er selber etablierte sich als Freilufttheaterdirektor in den Hügeln des Dornbusch und führte dort selbstverfasste Dramem wie *Swantevits Fall* und *Hidde, die Fee* auf. Ettenburg hauste in einem Tusculum, das er Tannhausen getauft hatte und das neben einer kleinen Waldschenke auch sein eigenes Mausoleum samt Verbrennungssarg und Aschekasten beherbergte.

»He is mall«, war der lakonische Kommentar der Hiddenseer, wenn Ettenburg barfuß und in Mönchskutte über die Insel wallte und dabei selbstverfasste Gedichte rezitierte:

Oh Hiddensee, mien sötet Land
Wie bist du leider noch unbekannt.

Das wollte er ändern und die Insel partout zum Ostseebad der Zukunft machen. 1905 verfasste und verlegte er den ersten Reiseführer und brachte den Berliner Geschäftsmann Büsson dazu, die erste Fährverbindung einzurichten. Gedankt hat es ihm niemand. Als er endgültig verarmt und krank war und sein Tusculum am Dornbusch abbrechen musste, ergab er sich dem Flaschenteufel und starb 1919 einsam in Stralsund. Seine Urne, für die er sich ein Grab auf dem Inselfriedhof gewünscht hatte, verschwand angeblich auf dem Postweg. Der Postweg nach Hiddensee führt über den Strelasund, und man darf annehmen, dass dem ungeliebten Einsiedler so die erste inoffizielle Seebestattung vor Rügen zuteil wurde. 1921 und 1985 versuchten großherzige Männer ihm einen Gedenkstein zu setzen, aber beide Male scheiterte diese späte Wiedergutmachung an Dummheit und Dünkel der leitenden Kreise. Auf Rügen und Hiddensee fällt einem immer wieder das Wort ein, das der alte Moltke auf die pommerschen Beamten seiner Zeit geprägt hat: *Kirchturmspolitiker ohne eine Spur von Großzügigkeit, kleinlich, hämisch, voller Neid und Mißgunst, dabei gehässig und kurzsichtig, daß es zum Erbarmen ist.*

Seine glanzvollsten Jahre erlebte Hiddensee zwischen 1919 und 1929 in zehn Jahren Weimarer Republik, die neben alteingesessener Prominenz wie Gerhart Hauptmann, den Kruses und Asta Nielsen auch neue Künstler und Wissenschaftler auf die Insel brachten, unter ihnen Lion Feuchtwanger und Ludwig Marcuse, Käthe Dorsch und Tilla Durieux, Max Reinhardt und F. W. Murnau, Alexander Granach und Gustaf Gründgens, Valeska Gert und Mascha Kaléko, Sigmund Freud und Albert Einstein. Doch kaum einer hat Hiddensee so tief geliebt und mit seinen Gedichten so gefeiert wie der Wurzener Dichter Hans Bötticher, besser bekannt unter seinem Pseudonym Joachim Ringelnatz, der literarische Vater des Matrosen Kuttel Daddeldu.

Ringelnatz besuchte im Sommer 1929 gemeinsam mit Frau Muschelkalk seine verehrte Freundin Asta Nielsen, die in Vitte ihr kleines Sommerhaus Karusel bewohnte. Das steht noch heute auf der Wiese am Seglerhafen, und als ich dort ankomme, steht kopfschüttelnd ein seltsames Paar davor: eine Dame mit Bubikopf im weißen Strandkleid mit Matrosenkragen und ein Herr mit Albatrosnase in einem blauen Leinenanzug mit goldenen Ankerknöpfen und schwerer Uhrkette. Tatsächlich, er ist es.

»Herr Ringelnatz?«

»Und wer bist du?«

»Ich schreibe ein Buch über Rügen und Hiddensee und habe aus Spaß angefragt…«

»Spaß ist gut. Wir warten hier schon eine halbe Stunde. Was habt ihr aus Astas schönem Karusel gemacht?«

»Verzeihung, aber damit habe ich nichts zu tun. Die Gemeinde will ein Kunsthaus daraus machen, aber es ist das alte Lied…«

»So, Kunsthaus. Für Gemeindekunst, oder was? Die sollten mal lieber meine Bilder ausstellen. Aber die kennen sie wahrscheinlich gar nicht. Na, Schwamm drüber, das wird ja sowieso nichts. Kommst du mit nach Kloster?«

»Sehr gern, wenn ich Ihnen unterwegs ein paar Fragen stellen darf?«

»Schieß los!«

Wir gehen über den menschenleeren Deich, über uns singt eine Lerche und auf der Weide blöken Schafe und Lämmer.

»Sind Sie eigentlich jemals Gerhart Hauptmann begegnet?«

»Nö. Aber Asta hat immer sehr lustig von seinen Weinabenden erzählt. Der alte Herr muss ganz schön was weggepichelt haben. Hatte ja auch einen vollen Keller unter seiner Bibliothek. Aber wir gehen lieber zum Kleinen Inselblick.«

»Sie kennen den Inselblick?«

»Junger Mann, eine gute Kneipe spricht sich auch im Himmel rum. Also, den Hauptmann habe ich leider verpasst. Aber Heinrich George war da, und mit dem hab ich mich in die Haare gekriegt. Weil ich gesagt habe, dass Chaplin genialer ist als Shakespeare. Und La Paloma bessere Musik als die Zauberflöte. Da ist er vor Wut durch seinen Korbsessel gesprungen.«

»War das Ihr Ernst?«

»Mit der Kunst ist es mir immer ernst, es sei denn, ich mache Spaß! Ich fand Paul Wegener ja auch immer besser als George, aber das hab ich ihm lieber nicht mehr gesagt. So viele Korbsessel hatte die Asta ja nun auch nicht. Aber dann haben wir uns wieder versöhnt und Kümmel für ihren Köm gesät, stimmts, Muschel?«

Die Frau an seiner Seite lächelt versonnen und blickt der Lerche nach.

»Ach so, darf ich vorstellen: Lona Pieper, genannt Muschelkalk, meine Seemannsbraut. Asta hatte sich von uns einen Baum gewünscht, aber den habe ich in Berlin vergessen. Also haben wir in Stralsund noch schnell Kümmel und Zwiebeln und Datteln gekauft, und die haben wir in Astas Garten eingepflanzt.«

»Mit Erfolg?«

»Mit durchschlagendem Erfolg. Außerdem habe ich

einen Steinzoo angelegt. Dafür mussten natürlich ihre gräulichen Stiefmütterchen weichen. Ich kann Stiefmütterchen nicht ausstehen. Aber zum Trost habe ich ihr dann drei unsterbliche Gedichte geschrieben:

Auf dem Schaukelpolster wiegen
Sich zwei Künstler deutsch umschlungen
Gar kein Schutzmann kommt gesprungen ...«

»Kenn ich, kenn ich. Aber wer war damals noch zu Gast?«

»Also natürlich Grischa, Astas russischer Schauspieler, und jede Menge andere Künstler, die Creme aus dem Café Größenwahn. Hiddensee war ja sozusagen das Romanische Café unter den deutschen Inseln. Very fashionable, wie Billy Wilder immer sagte. Otto Gebühr thronte auf der Hollywoodschaukel wie der Alte Fritz, und zur Strafe hab ich ihm dann mein Gedicht von der Schnupftabakdose vorgetragen.

Herbert Jhering lobte mein Stück *Die Flasche* und wollte es dem Deutschen Theater zur Uraufführung vorschlagen. Alfred Flechtheim hat mich mit Rousseau verglichen. Ich dachte, er meint den Philosophen, bis ich im Lexikon fand, dass es da noch diesen malenden Zöllner gab, der auch nicht schlecht war. Und Murnau wollte mit mir einen Film in der Südsee drehen.«

»Verzeihung, aber waren die alle wirklich zur gleichen Zeit auf Hiddensee?«

»Zur gleichen Zeit oder nacheinander, was spielt denn das für eine Rolle? Es gab nämlich Astas Hiddenseebowle: Henkell trocken mit Moselwein und Waldbeeren. Da ging das Postboot aber ab, mein Junge!«

»Verstehe. War es 1929 wirklich noch so idyllisch, wie es die Reiseführer behaupten?«

»Reiseführer lügen immer, das gehört zum Geschäft. Die Natur war schon noch idyllisch, aber die Politik längst nicht mehr. Da wehten die Hakenkreuzwimpel sogar schon an ein paar Strandkörben. Unser Nachbar hat aus Protest kleine schwarzrotgoldene Fähnchen in seine Strandburg gesteckt, aber die waren am anderen Morgen allesamt abgeknickt. Von wegen idyllisch.«

Wir kommen am Hafen von Kloster an, und Ringelnatz schnuppert.

»Räucherfisch und Ostseeluft, das ist besser als jede Kur. Hier stand mal eine kleine Kneipe, da hab ich mit den Fischern Köm getrunken und ihnen von meiner Schiffsjungenzeit auf der Elli erzählt. Von meiner Flucht durch den karibischen Dschungel und der traurigen Rückkehr nach Hamburg, wo ich mich auf Sankt Pauli als Riesenschlangenschwanzträger durchschlagen musste. Die wussten ehrliches altes Seemannsgarn noch zu schätzen! Als ich einmal wieder vom Klo kam, sagte der Älteste gerade: »Hei lücht. Öwer hei lücht gaud.« Darauf bin ich heute noch stolz.«

Wir gehen an der kleinen Boutique Bonny und Reid vorbei, vor der elegante Matrosenblusen und Sommerkleider im Wind wehen.

»Schade, dass wir nichts davon mitnehmen können«, seufzt Muschelkalk. »So schicke Sachen gab es damals nicht. Wir müssen da oben mit dem auskommen, was wir zu Lebzeiten getragen haben. Guck mal, Ringel, die hübsche kleine Nixe!«

Mir fällt Sundine wieder ein.

»Sagen Sie – eine Nixe haben Sie bei Ihren Strandspaziergängen nicht zufällig gesehen? Ich meine, morgens auf einem Findling im Wasser?«

»Und ob!«, ruft Ringelnatz. »Ganze Schwärme von Nixen! Hiddensee ist doch Nixenland, wusstest du das nicht? Aber leider sind sie immer gleich abgetaucht, wenn ich einen kleinen Schnack mit ihnen machen wollte.«

»Denken Sie an den alten Fischer.« Muschelkalk lächelt mir zu.

»Wie leben Sie eigentlich da oben?«, frage ich sie.

»Man kann sich seinen Himmel aussuchen, aber nur einmal. Da haben wir eine nette kleine Hafenkneipe gefunden, mit Blick auf die See. Ringel trägt seine Gedichte vor, und ich versuche, sie ins Englische zu übersetzen, weil viele unserer Gäste Engländer oder Amerikaner sind. Conrad, Melville, Marryat. Neulich war sogar Stevenson da und hat sich sehr amüsiert.«

»Und Kipling!«, ruft Ringelnatz. »Der kommt öfter und liest dann seine eigenen Balladen vor. Bei uns ist immer was los. Ich werde demnächst meine *Flasche* aufführen. Warum spielt die hier denn keiner mehr?«

»Die Seebühne in Vitte will sie bringen. Die müssen Sie

mal besuchen, das ist ein Theater nach Ihrem Geschmack. So, da wären wir.«

Wir stehen vor dem Kleinen Inselblick, und Ringelnatz zieht Muschelkalk gleich in den Strandkorb neben der Tür. Ich hocke mich auf einen Klappstuhl daneben.

»Sag mal, kennst du meine Hiddenseegedichte tatsächlich?«

»Sogar auswendig.«

»Dann schieß mal los!«

Da noch keine Gäste zu sehen sind, erhebe ich mich und rezitiere:

Kühe weiden bis zum Rande
Großer Tümpel, wo im Röhricht
Kiebitz ostert. Nackt im Sande
Purzeln Menschen selig töricht.

Franz guckt aus der Tür und fragt: »Hast du schon was getrunken oder führst du Selbstgespräche?«

Ich sehe mich um. Ringelnatz und Muschelkalk sind verschwunden. »Ich lerne was für die Seebühne«, sage ich schnell.

»Ach so.« Franz nickt nur. »Bier oder Bowle?«

In Erinnerung an die Sommerparty bei Asta Nielsen bestelle ich ein großes Glas Heiderosenbowle, die nach der Insel und nach Sommer schmeckt. Und nach längst vergangenen Zeiten, als sich Asta Nielsens Karusel noch drehte und die Fliegen im Bernstein träumten.

IN BINZ MIT ELIZABETH VON ARNIM

Von Hiddensee nehme ich die Fähre nach Breege, um meiner Malerfreundin in Altenkirchen ihr Fahrrad zurückzubringen und fahre dann mit dem Bus über Sagard und Lancken in das berühmteste Bad der Insel. Binz wird 1318 zum ersten Mal urkundlich erwähnt und war im Besitz derer von Putbus, die das Anwesen im fünfzehnten Jahrhundert an den Bischof von Roeskilde verpfänden mussten, es 1780 aber wieder auslösen konnten. Um 1570 gab es in diesem Weiler nur drei Bauernhöfe am Schmachter See und um 1870, als die Entwicklung zum Badeort begann, ganze fünfzehn Häuser mit 180 Einwohnern. Das änderte sich schnell, als die Gäste des Fürsten zu Putbus den feinen Sandstrand der steinigen Küste von Sassnitz und dem flachen Bodden von Lauterbach vorzogen und das Baden in der Ostsee in Mode kam. Binz wuchs rasant, und während man um 1870 nur achtzig Sommergäste gezählt hatte, waren es 1875 schon fünfhundert. 1894 wurde Binz offizielles Seebad und mit der Eröffnung des Kurhauses ein *Badeort von Weltruf*, wie die Reiseführer schwärmten. Ein Jahr später wurde die Kleinbahn nach Putbus eingeweiht, sodass das elegante Publikum nachmittags in den Park und abends ins Theater fahren konnte. 1902 eröffnete man die Seebrücke, die allerdings unter keinem guten Stern stand. Schon in der Neujahrsnacht von 1904 wurde sie von einer schweren Sturmflut zertrümmert und auf den Strand geworfen. Nach ihrem Wiederaufbau brach sie im Sommer 1912 durch begeisterten Besucherandrang ein und siebzehn Menschen ertranken. Immerhin hatte das ein Jahr darauf die Gründung der Deutschen Lebensrettungs-Gesellschaft zur Folge, die noch heute in Binz ihre weißblaue Fahne mit dem wachsamen Adler aufzieht.

Nach 1933 wurden viele jüdischen Hotel- und Pensionsbesitzer enteignet, vertrieben oder in Konzentrationslagern ermordet. Für die wenigen, die nach 1945 zurückkehrten, wiederholte sich dieses Schicksal schon acht Jahre später, als die selbsternannten Sozialisten in der Aktion Rose alle privaten Hoteliers enteigneten und wegen angeblicher Wirtschaftsverbrechen ins Zuchthaus steckten oder außer Landes jagten.

Von Ulbricht und seinen Generälen waren ihre Häuser als Unterkünfte für Armee und Polizei ausersehen. Nach dem 17. Juni 1953 wagten die Genossen diesen Schritt allerdings doch nicht mehr und überließen die Häuser dem Feriendienst der Gewerkschaft. Der konnte aus Geldmangel vierzig Jahre lang nur die allernötigsten Reparaturen vornehmen, und so war es 1990 fünf vor zwölf, um die alten Villen vor dem endgültigen Verfall zu retten.

Heute ist die Binzer Strandpromenade zur Saison so voll wie die Fanmeile im Berliner Tiergarten zur Fußballweltmeisterschaft. Es empfiehlt sich, gleich nach dem Frühstück Ausflüge zu den weniger überlaufenen Sehenswürdigkeiten der Umgebung zu machen. Dazu zählt die größte Bauruine Deutschlands, das nie vollendete KdF-Bad Prora, das an einem der schönsten Strände Rügens liegt. In einigen intakten Blöcken dieser fast fünf Kilometer langen Anlage haben sich nostalgische Museen und moderne Kunsthandwerker eingerichtet. Die sollen demnächst vertrieben werden, um den Traum vom Eigentumsschließfach mit Meeresblick zu verwirklichen, damit auch Rügen endlich sein Benidorm und seinen Ballermann bekommt.

Wer etwas über die Baugeschichte und den Nationalsozialismus auf der Insel wissen will, muss das Dokumentationszentrum Prora besuchen, das seit 1992 gegen Vergessen und Verdrängung arbeitet und entsprechend unbeliebt ist.

Rügens Touristiker schreiben die Bädergeschichte am liebsten von der Kaiserzeit und dreizehn Jahren Weimarer Republik direkt in die glorreiche Ära der blühenden Landschaften fort, wobei auf der Insel vor allem der Raps und die Verschwörungstheorien blühen. Wenn etwas schiefläuft, dann wegen der heimtückischen Konkurrenz auf Usedom, Sylt und Norderney, wo Rügens Feinde jeden Winter neue Pläne aushecken, um den europäischen Urlaubern »Deutschlands Schönste und Größte« zu verleiden. Vogelgrippe, Blaualgenteppich, Dauerstau – alles Komplotte aus den Hinterzimmern der Neider. Man muss einen Abend lang an einem Rügener Stammtisch verbringen, um zu erfahren, wie tief der Graben zwischen

Ost- und Nordsee nach zwanzig Jahren deutscher Einheit geworden ist.

Ein anderer Ausflug führt von Binz durch die Granitz zum Jagdschloss, das Fürst Wilhelm Malte zwischen 1836 und 1846 nach Plänen von Johann Gottfried Steinmeyer errichten ließ und dessen imposanter Mittelturm auf einen Entwurf Schinkels zurückgeht. Berühmte Besucher sind die gusseiserne Wendeltreppe hinaufgestiegen, um den Ausblick über Rügen zu genießen, darunter Wilhelm von Humboldt, Adolph von Menzel und jede Menge Könige, Kronprinzen, Großfürsten und sonstiger Hochadel. *Die Besteigung ist nur Schwindelfreien zu empfehlen*, warnen die alten Reiseführer. Den großen Marmorsaal schmückten noch in den 1920er Jahren Gemälde von Lucas Cranach und Salvator Rosa neben Plastiken von Bertel Thorvaldsen, die allesamt verschwunden sind, denn auch das Jagdschloss wurde nach 1945 geplündert.

Elizabeth von Arnim, die Autorin des noch immer lesenswerten Reiseromans *Elizabeth auf Rügen*, ist ebenfalls durch die Granitz gewandert, hat von ihrem Licht geschwärmt und ironische Betrachtungen zu Rügener Sitten und Unsitten angestellt. Sie gehörte zu den geistreichsten Frauen ihrer Zeit, und seit ich ihr Buch kenne, habe ich von einer Begegnung mit ihr geträumt.Deshalb stehe ich jetzt etwas ungläubig auf der Schwelle der Strandhalle und starre die Frau an, die auf meinem Stammplatz unter dem Porträt von Hans Christian Andersen am Fenster sitzt und mir zuwinkt.

»Da sind Sie ja endlich! Warum haben Sie mich so lange warten lassen?«

»Frau von Arnim, ich ahnte ja nicht…«

»Setzen Sie sich, Sie Ahnungsloser. Dafür müssen Sie mich jetzt zum Lunch einladen. Ich hoffe, man isst hier besser als in den anderen Binzer Restaurationen.«

»Ich denke doch.«

»Das werden wir ja sehen. Jedenfalls sitzt man erst einmal besser. Da ich Zeit hatte, das Menü ausgiebig zu studieren, weiß ich schon, dass ich die Birnencremesuppe und den Ostseedorsch nehme. Aber was für einen Aperitif bei diesem Wetter?«

»Einen Martini?«

»Meinetwegen.«

Die Kellnerin nimmt meine Bestellung entgegen und schaut etwas merkwürdig, aber sie schreibt alles ohne nachzufragen auf und entschwebt in die Küche.

»Jetzt bin ich gespannt. Eigentlich waren mir auf Rügen selbst die verkochtesten Mahlzeiten und die tollpatschigsten Kellner einerlei, weil die Landschaften und das Meer einen ja schadlos halten. Natürlich ist es traurig, dass sie ihren frischen Fisch und das Gemüse in fettigen Saucen ertränken und alles salzen wie die Likedeeler ihr Pökelfleisch. Wenn es mir zu viel wurde, habe ich mir einfach eine kleine Räucherbude am Strand gesucht, dort eine Flunder mit Brot gegessen, und die Welt war wieder in Ordnung.«

»Ein unschlagbarer Imbiss, vor allem an frischer Seeluft.«

»Eben. Als ich zum ersten Mal nach Rügen kam und im Badehaus Goor abstieg, da war das Frühstück so schlecht wie die Laune des Kellners. Kalter Tee und warme Milch, harte Eier und weiche Brötchen. Aber ich frühstückte mit Blick zur Insel Vilm und merkte nicht einmal, wie ungenießbar das alles war.«

»Das sollten Sie nicht publik machen, sonst ändert sich nie etwas. Man verlässt sich seit Generationen darauf, dass die Urlauber sowieso kommen, egal wie dünn der Kaffee und wie dick die Mettwürste sind. Ich muss immer an Churchill denken: ›Das Essen wäre ganz ausgezeichnet gewesen, wäre der Wein so kalt wie die Suppe, der Brandy so alt wie der Fisch und die Kellnerin so süß wie der Mokka.‹«

»Auf Winston war eben Verlass. Mit der Architektur steht es nicht viel besser. Darf hier eigentlich jeder bauen, was er will?«

»Solange er nicht etwas Anspruchsvolles vorhat, jederzeit.«

»Es sieht ganz danach aus. Neben den hübschesten Bädervillen protzt das greulichste Neureichenbach. Sollen die Parvenüs doch in Berlin oder Dresden ihren Stuck und falschen Marmor ankleben, aber warum hier?«

»Man hält das für Kunst am Bau. Pools und Putten aus dem Katalog, Hauptsache größer als die des Nachbarn.«

»Da kommen unsere Martinis. Es gibt ja fast keinen Kummer auf der Welt, den ein trockener Martini nicht trösten könnte.«

Wir prosten uns zu.

»Auf dem Weg hierher habe ich übrigens einen merkwürdigen Turm am Strand gesehen, eine Art Ei auf Stelzen. Kennen Sie dieses futuristische Bauwerk?«

»Sie meinen sicher Müthers Rettungsturm.«

»Das ist ein Rettungsturm? Sehr originell. Wer ist Müther?«

»Ulrich Müther war der einzige Rügener Architekt, der einen Blick für die Moderne hatte, die in diese Landschaft passt. Deswegen hat er sich auch in aller Bescheidenheit den ›Landbaumeister von Rügen‹ genannt, wobei er sicher wusste, dass auch Schinkel sich immer nur als Oberbaurat ansprechen ließ.«

»Und was hat Müther sonst noch gebaut?«

»Planetarien in Libyen, Kuwait und Finnland, eine Moschee in Jordanien, das Ahornblatt in Berlin, die Seerose in Potsdam, den Teepott in Warnemünde und jede Menge Gaststätten, Kurmuscheln und Bushaltestellen auf Rügen.«

»Und was ist aus alledem geworden?«

»Die Araber und Skandinavier pflegen ihre Bauten, die Deutschen haben sie umgebaut, abgerissen oder verfallen lassen.«

»Schauderös. Man schätzt die Kunst auf Rügen, aber nicht die Künstler, wie?«

»Jedenfalls nicht die lebendigen. Die berühmten Toten werden gern auf jede Schnapsflasche und jedes Sanddornglas geklebt: Friedrich, Brahms, Fontane! Aber die lebenden brauchen Geld und machen Ärger. Deshalb gibt es statt eines Feuerwerks von Ideen vorwiegend Feuerwerke von den Seebrücken. Pyrotechnik gilt hierzulande als die höchste Kunstform aller Zeiten.«

»Kunst für Bankiers und Beamte. Wer Geld verbrennt, hält Feuerwerke für Kunstwerke. Mein verehrter Schwager Bertrand Russell hat einmal gesagt: ›Der Jammer mit der Menschheit ist, dass die Dummköpfe so selbstsicher sind und die Vernünftigen so voller Zweifel.‹ Aber da kommt unsere Suppe.«

Die Kellnerin serviert die Suppe und fragt nach Getränken. Ich schlage einen Müller-Thurgau vor, der aus Naumburg kommt und dessen Berg ich einmal besichtigt habe. Frau von Arnim nickt lächelnd.

»Ich muss ja nicht mehr schreiben. Und wenn Sie sich einen freien Nachmittag leisten können …«

»An einem Festtag wie diesem!«

»Festtag? Wieso denn?«

»Mit Ihnen hier, unter Andersens Bild!«

»Nun übertreiben Sie mal nicht. Der Sundine kann ich fast nichts abschlagen, die hat mir schon früher etliche Geheimnisse von Rügen gezeigt. Ist Andersen eigentlich jemals hiergewesen?«

»Leider nicht. Daraus hätte man allerhand machen können. Ein Märchentheater …«

»Tun Sie's trotzdem! Jammern ändert nichts. Als ich damals nach Rügen kam, hatte ich das Gefühl, tatsächlich auf einer Märcheninsel zu sein, und sah auf jeder Waldwiese eine Fee und hinter jedem Findling einen Zwerg. Ein Märchentheater für die ganze Familie, mit Marionetten, Schauspielern und Musik, das fehlt hier! Ziehen Sie unter die Müthersche Kurmuschel und spielen Sie. Wozu sind Sie vom Theater!«

»Dafür hat man kein Geld.«

»Geld, Geld! Wer sich immer hinterm Geld versteckt, versteckt nur die traurige Tatsache, dass er keine Ideen hat. Finden Sie einen Mäzen oder noch besser eine Mäzenatin. Gründen Sie das Märchen-Bayreuth des Nordens und werden Sie berühmt!«

Ihre Augen blitzen, und ich bin froh, dass die Kellnerin mit dem Fisch kommt und ich das Thema wechseln kann.

»Guten Appetit. Ich hoffe, es wird Ihnen schmecken. Dorsch ist selten geworden, und man sagt, in zwanzig Jahren wird es überhaupt keinen mehr geben.«

»So? Und was unternimmt man dagegen?«

»Nichts. Man beschimpft die Boten für die schlechte Nachricht.«

»Gott, das ist ja auch nichts Neues. Zum Wohl. Also, versprechen Sie mir, ein Märchentheater zu gründen? Ich werde Ihr guter Geist sein.«

So leicht kann man Frau von Arnim nicht von ihren Ideen abbringen. Ich trinke einen Schluck Müller-Thurgau, sehe zu Andersen hinauf und suche nach einer Antwort. Andersen schweigt, aber mir fällt meine Frage wieder ein.

»Ist Ihnen auf Ihren Spaziergängen je die Geschichte von der Seejungfrau auf dem Waschstein begegnet? Die unter dem Königstuhl ein blutiges Hemd wäscht?«

»Oh ja. Die erzählte einem jeder Fremdenführer, genauso wie die Geschichte von den Opfersteinen und den Ertränkten im Herthasee. Die Geschichte von der Seejungfrau fand ich aber am geheimnisvollsten. Wo mag das blutige Hemd wohl herkommen? Daraus sollten Sie Ihr erstes Stück machen. Ein feines kleines Kammerspiel für das Jasmunder Märchentheater. Darauf trinken wir jetzt einen Aquavit, und dann ist es so gut wie beschlossen.«

Die Kellnerin serviert ab, und ich bestelle zwei Linie-Aquavit.

»Sie werden sehen, wie zauberhaft das wird. Aber ich muss jetzt weiter. Ich habe auf dem Weg hierher ein paar Landhotels auf Mönchgut gesehen, die will ich mir unbedingt noch anschauen. Es geht mir immer noch wie damals, wenn ich nach Nassenheide zurückkam und am anderen Morgen schon wieder Sehnsucht nach Rügen hatte. Dann blätterte ich in meinem Baedeker und las Namen wie Fernlüttkevitz oder Himmel und dachte: Da musst du sofort hin. Waren Sie schon mal in Himmel?«

»Bedaure.«

»Sehen Sie. Und da gibt es Leute, die behaupten, sie kennen Rügen!«

Der Aquavit kommt, und wir stoßen an.

»Auf das Rügener Märchentheater! Schreiben Sie mir, wenn Sie Premiere haben.«

Und damit steht sie auf, wirft ihre Serviette hin und verschwindet durch die Vorhänge der Tür wie durch einen Bühnenvorhang. Ich blicke ratsuchend zu Andersen hinauf, aber der lächelt nur versonnen.

IN PUTBUS MIT WOLFGANG KOEPPEN

Von Binz aus fahre ich mit dem »Rasenden Roland« nach Putbus, mit jener Rügener Kleinbahn, von der meine Großtante sagte, sie sei so langsam, dass man aussteigen und nebenher Feldblumen pflücken könne. Ich spaziere die Bahnhofstraße hinauf bis zum Circus, über dessen Rondell die Fürstenkrone ragt, vorbei an der Villa Löwenstein, in der einst Bismarck residierte, vorüber an den Kavaliershäusern und hinunter zum Markt. Rügens einstige Residenzstadt hat trotz vierzigjähriger Vernachlässigung viel von ihrem aristokratischen Flair zurückgewonnen. Es blühen wieder rote Rosen vor den weißen Fassaden der Bürgerhäuser, und das Theater strahlt in klassizistischem Glanz. Zwar gelang es den Parteifunktionären ab 1957 mit ideologischer Unterstützung aus Berlin, das fürstliche Schloss zu schleifen und seine Reste in die Luft zu jagen, aber die Terrasse zum See erinnert noch immer an seinen einstigen Standort. Als Kind habe ich im Park gespielt, den sterbenden Gallier vor der Orangerie bewundert und die Rehe im Wildgehege gefüttert.

Putbus war schon zur Slawenzeit ein Herrensitz. 1253 verheiratete Nicolai de Podebusz eine seiner Töchter an Stanislaw von Vilmnitz. Aus dieser Ehe gingen die zukünftigen Herren zu Putbus hervor, denen das Anlegen eines Parks sozusagen im Namen aufgetragen war, denn Podbusz bedeutet soviel wie »hinter dem Busch«. 1532 verzeichnet ein Chronist ein Schloss, das auf den Fundamenten des mittelalterlichen Steinernen Hauses errichtet worden war und über die Jahrhunderte hinweg Umbauten und Erweiterungen erfuhr. Fürst Wilhelm Malte I., dessen Marmordenkmal im Park steht, beschloss 1810, den Ort zu einem eleganten Seebad zu machen. Er war nicht nur ein weitgereister, sondern auch ein weitsichtiger Souverän und unter dem Rügener Adel eine leuchtende Ausnahme. Nach seinem Studium in Greifswald und Göttingen und kurzem Dienst im Leibhusarenregiment des schwedischen Königs begann er 1804 mit dem Umbau von Schloss und Park. Auf seinen Reisen nach England und Schottland hatte Malte die Landschaftsparks Capability Browns kennengelernt und ließ den alten Barockgarten im englischen Stil umgestalten.

Dabei halfen ihm sein Gärtner Halliger ebenso wie der Baumeister Steinbach, die beide in den Reiseführern immer hinter den berühmteren Namen Pückler und Steinmeyer zurückstehen müssen. 1806 heiratete Malte eine Schwester seines Studienfreundes Graf Veltheim und wurde 1807 in den schwedischen Fürstenstand erhoben. 1810 gründete er Putbus als zukünftige Residenz und zog im Mai 1813 als Adjutant des preußischen Kronprinzen in die Befreiungskriege gegen Napoleon, in denen er an den Schlachten von Jüterbog und Leipzig teilnahm. Davon erzählen die Reliefs an seinem Denkmal, die auch zeigen, wie Schinkel an der Seite von Thorvaldsen und Kolbe mit genialen Strichen den großen Turm des Jagdschlosses in der Granitz entwirft.

Für seine Verdienste im Befreiungskrieg wurde der Fürst zum Generalgouverneur Pommerns und zum Kanzler der Greifswalder Universität berufen und nach der Übergabe Schwedisch-Pommerns an Preußen 1815 zum Erbland-Marschall und Staatsrat ernannt. Doch trotz all seiner Ämter und Pflichten sorgte er sich stets persönlich um das Aufblühen der Insel. Er eröffnete im Sommer 1816 das imposante Wilhelmsbad in der Goor bei Lauterbach, förderte die Ansiedlung von Handwerkern und Fuhrleuten und sicherte die Existenz der Landwirte und freien Bauern durch Erbpachtverträge. 1836 eröffnete am Circus das von ihm initiierte Königliche Pädagogium als erste höhere Lehranstalt Rügens. Das »Pädsche«, das sogar von Friedrich Wilhelm IV. und Alexander von Humboldt besucht wurde, sollte seine adligen und gutbürgerlichen Zöglinge nicht nur in Naturwissenschaften, Geschichte und Sprachen unterweisen, sondern auch praktische Kenntnisse in Wirtschafts- und Verwaltungslehre vermitteln. 1854 starb der Fürst, und die Fürstin ließ das besagte Marmordenkmal errichten, von dem aus Wilhelm Malte bis heute auf sein verschwundenes Schloss blickt.

Auf der anderen Seite des Parks steht am Markt das Putbusser Theater, gekrönt von einer Leier mit goldenen Saiten und geschmückt mit einem Fries, der Apoll und die Musen zeigt. Nach einem Entwurf Wilhelm Steinbachs 1819 errichtet, wurde es schon fünf Jahre später von Gottfried Steinmeyer umgebaut und erweitert, um dem Fürsten und seinen Gästen angemessene Abendunterhaltungen zu bieten.

Zu diesem Zweck holte Wilhelm Malte seinen Studienfreund Graf Hahn nach Putbus, der für seine Theaterleidenschaft in ganz Deutschland bekannt war und sich dafür so hoch verschuldete wie seine Standesgenossen sonst nur im Casino. Das Haus verbindet die Eleganz einer klassizistischen Residenzbühne mit der Leichtigkeit eines Sommertheaters. Gerhart Hauptmann machte es zum Mittelpunkt seines Theaterromans *Im Wirbel der Berufung*, und Wolfgang Koeppen sah hier seine ersten Operetten, während seine Mutter im Souffierkasten hockte und schwitzenden Sängern ihre Einsätze zuflüsterte.

Auch ich habe hier mein Herz fürs Theater entdeckt, und zwar während einer plattdeutschen Aufführung von Sean O'Caseys *Ein Pfund abheben*, die so komisch war, dass ich auf der Heimfahrt in schwere Zweifel geriet, ob ich nun zur See oder ans Theater gehen sollte.

Der ältere Herr mit Hornbrille und Schiebermütze, der auf seinen Stock gestützt den Spielplan studiert, erinnert mich an Wolfgang Koeppen, und als ich nähertrete, sehe ich, dass Sundine wieder Wort gehalten hat.

»Guten Tag, Herr Koeppen! Was wird denn gegeben?«

Er nimmt die Brille ab, mustert mich kurz und lächelt dann spöttisch.

»Immer noch Operetten, wie zu meiner Zeit.«

»Sie erkennen das Haus wieder?«

»Und ob! Schließlich bin ich hier zum ersten Mal aufgetreten: als Assessor Bernbach im *Weißen Rössl.*«

»Sie, hier?«

»Allerdings. Nach meiner Zeit als Schiffsjunge. Eigentlich wollte ich ja die weite Welt sehen, Asien, Amerika, die Südsee! Aber mit meinem Stettiner Frachtdampfer sind wir nie über die Ostsee hinausgekommen. Dann habe ich in Hamburg, als wir mal wieder auf unsere Heuer warteten, in der Kunsthalle die Bilder von Caspar David Friedrich gesehen und bekam wieder Sehnsucht nach Rügen.«

»Wussten Sie denn, dass Friedrich auch hier in Putbus war?«

»Nein, aber meine Mutter soufflierte hier im Sommer am Theater, und ich konnte bei ihr Quartier bekommen. Ich wollte zur Bühne. Was hat Friedrich denn nach Putbus verschlagen?«

»Er hat hier im Sommer 1826 seine Krankheit auskuriert und in Sassnitz die Kreideküste gezeichnet, ist aber auch ins Schloss eingeladen worden. Der Fürst hat Bilder von ihm angekauft.«

»Die hab ich leider nicht gesehen. Unsereins kam ja nur in den Park, aber nicht ins Schloss. Und was bringt Sie hierher?«

»Ich bin einer alten Sage auf der Spur. Von der Seejungfrau auf dem Waschstein beim Königstuhl. Haben Sie von der gehört?«

»Leider nicht. Dabei hatte ich für Nymphen immer ein Faible. Vor dem Badehaus Goor gab es einen Brunnen mit einer Meerfrau, da hab ich im Sommer oft gesessen und gelesen. Und dann später in Rom und Venedig, die Fontänen mit all den Nymphen und Neronen. Der Korso mit den sehr lebendigen Melusinen, die vorüberschwebten wie Wasserwesen. Da hab ich oft an eine Nymphe gedacht, derer ich nie habhaft werden konnte. Der ich sechs Jahre lang nachgejagt bin, durchs nächtliche Berlin und bis nach München. Suchen Sie auch so eine Nixe?«

»Ich fürchte, eher eine literarische.«

»Sie fürchten? Seien Sie froh, wenn sie literarisch ist und nicht real. Die literarischen Nymphen tun, worum wir sie bitten, aber die wirklichen ziehen uns hinunter und bringen uns um den Verstand. Na ja, ist lange her.«

»Haben Sie sich auf Rügen zu Hause gefühlt?«

»Nee, das war mir zu muffig und zu provinziell. Mein Zuhause ist das Romanische Café am Kurfürstendamm. Und Ihrs?«

»Der Hochuferweg zwischen Sassnitz und Königstuhl.«

»Wohnt da Ihre Nixe?«

»Ich hoffe. Haben Sie Zeit für einen Spaziergang?«

Er nickt, und wir gehen über die Straße in den Park und schlendern die Allee zu den Schlossterrassen hinunter. Koeppen zeigt auf eine Bank.

»Hier am See habe ich oft gesessen, meine Reclambücher gelesen und mich in die Welt hinausgeträumt. So wie Chamissos Peter Schlemihl mit seinen Siebenmeilenstiefeln: vormittags in Amerika, nachmittags in der Südsee, abends in Asien. Dabei hatt ich nicht mal das Geld für eine Fahrkarte nach Berlin.«

»Chamisso war auch hier, im Sommer 1823, und hat sich den Park angesehen. Als Botaniker haben ihn vor allem die seltenen Bäume interessiert, von denen er ja viele durch seine Weltreise kannte.«

»Die Bäume habe ich auch geliebt, allein schon wegen der Namen: Japanische Tanne, Kanadische Küstenkiefer, Chinesischer Regen. Die hätte ich für mein Leben gern in ihrer Heimat besucht. Aber wenn man kein Geld hat, dann bleiben einem nur abgegriffene Taschenbücher.«

»Aber später haben Sie doch die halbe Welt bereist: Europa, Amerika, die Sowjetunion und Indien, sogar Singapur.«

»Na ja, als alter Knacker. Die Welt muss man sehen, solange man jung ist, damit man nachher drüber schreiben kann, nicht umgekehrt. Chamisso hat's richtig gemacht.«

Wir kommen an der Schlosskirche an, die verschlossen ist. Koeppen grinst.

»Wissen Sie, dass das früher mal ein Kursaal war? Der ist dann zum Gotteshaus umgebaut worden, als die Badegäste ausblieben. Aber als Bismarck 1866 in Putbus gekurt hat, trank man hier noch den Brunnen statt Abendmahlswein. Viel gekurt hat der Eiserne Kanzler allerdings nicht, weil er zu beschäftigt war mit seinem *Putbusser Diktat*, dem Verfassungsentwurf für den Norddeutschen Bund. Daraus ist später die Verfassung fürs Deutsche Reich geworden. Hat mir alles ein alter Parkwächter erzählt, der darauf so stolz war, als wär er Bismarck persönlich begegnet. Na, ich hab weder auf Wilhelms Glanz noch auf Adolfs Gloria einen Pfifferling gegeben. Jeder Unteroffizier ein Ludendorff und jeder Blockwart ein Reichsführer. Jetzt sieht's ja ganz zivil und friedlich aus.«

»An der Oberfläche. Wir sind auch schon wieder im Krieg, diesmal gegen den Weltterrorismus.«

»Hab ich gelesen. Tja, wer Bomben baut, der muss sie irgendwann auch werfen. Das hab ich schon in meinem *Treibhaus* geschrieben, 1953 wohlgemerkt. Da ging vielleicht ein Hallo los! Vaterlandsloser Geselle, armer Irrer, roter Nestbeschmutzer, die ganze Tonleiter von Brentano bis Erhardt. Aber nun wird es langsam Zeit für mich.«

»Eine Frage noch! Haben Sie außer Putbus auch noch andere Orte auf Rügen besucht? Und dort vielleicht etwas über die Seejungfrau vom Waschstein gehört?«

»Da lesen Sie mal schön in meinem Nachlass nach. Liegt alles im Koeppen-Haus in Greifswald. Die Stadt lohnt auch eine Reise. Viel Spaß, mein Lieber.«

Und damit verschwindet er pfeifend zwischen den Goldregenbüschen.

AUF MÖNCHGUT MIT LYONEL FEININGER

Mönchgut ist eine Halbinsel, die auf ihre Abgeschiedenheit Wert legt, ein Archipel zwischen Rügischem Bodden und Ostsee, mit Buchten und Haken, Havings und Seen, mit sanften Hügellandschaften und weiten Stränden. 1252 bekamen die Zisterziensermönche des Klosters Eldena von Jaromar II. das Land Reddevitz zum Lehen und 1360 kaufte ihr Abt Martin Zicker und Thiessow dazu. Anschließend sollen die neuen Herren ihren Besitz mit einem »Mönchsgraben« nördlich von Baabe vom übrigen Rügen abgetrennt haben, doch die Historiker vermuten, dass es hier schon zu slawischer Zeit einen Wassergraben gab. Seit dieser Zeit hieß die Halbinsel Monneken Gode und wurde von Eldena aus verwaltet.

Im vierzehnten Jahrhundert holten die Mönche Bauern aus Niedersachsen auf ihre Ländereien und ließen sie Dörfer wie Middelhagen und Phillipshagen gründen. In der Dorfkirche Sankt Katharina von Middelhagen kann man die Geschichte des Mönchsguts auf Grabsteinen und Inschriften studieren. Der Backsteinbau aus dem fünfzehnten Jahrhundert gehört zu den schönsten Dorfkirchen Rügens. Adolph von Menzel und Lyonel Feininger sind hierhergekommen, um sie zu zeichnen. Der Schnitzaltar von 1450 zeigt die Heilige mit Schwert und Rad und erzählt ihre Leidensgeschichte von der Geburt bis zum Martyrium unter einem filigranen Fischblasenmaßwerk. Außerdem gibt es einen barocken Kronleuchter von 1650, der zum Ende des Dreißigjährigen Krieges gestiftet wurde, und das Schiffsmodell der Brigg Perth von 1842, das an die Göhrener Lotsen erinnert, deren Turm man noch heute auf dem Südperd besteigen kann.

Mönchgut war seit alters her das Land der Mönche, der Lotsen, der Fischer und Bauern. Von allen Rügener Landschaften hat es seine Trachten und Bräuche am längsten bewahrt. Eine alte Sage erinnert an die Allerheiligenflut, die im November 1309 das Neue Tief geschaffen hat. Demnach war Mönchgut vorher nur durch einen schmalen Graben vom gegenüberliegenden Festland getrennt und durch eine Brücke aus Pferdeschädeln mit ihm verbunden. Aber eines Tages warf eine unbedarfte Frau ein Brot in den Graben, um einen weggespülten Schädel zu ersetzen. Als Gottesstrafe brach eine Sturmflut los, die weite Teile Mönchguts in die Ostsee riss und nur den Ruden und die Greifswalder Oie verschonte.

Dennoch haben Nord- und Südperd ihre Namen nicht von diesen sagenhaften Pferdeschädeln, sondern vom slawischen »Perkop«, was so viel wie Furt bedeutet und auf eine Meerenge hinweist. Mönchgut ist auch ansonsten voller gespenstischer Sagen über Teufelsspuk, weiße Weiblein und den Puk, einen zaubrischen Hausgeist. Man kannte ihn auf ganz Rügen, und wenn meine Großtante Ella mir Angst einjagen wollte, sagte sie: »Pass up, hüt

Nacht kümmt de Puk und halt die!« Ich habe ihn danach tatsächlich als drohenden Schatten an meinem Fenster vorbeischleichen sehen und wusste dann, dass die Tante nicht nur mit den Blumen- und Kräuterfeen, sondern auch mit dem Puk in Verbindung stand.

Nach Mönchgut fuhren wir in meiner Kindheit, wenn es dort ein Fischerfest gab und meine Mutter die Schüddel-die-Büx-Tänzer in ihren Trachten sehen oder ein Besuch vom Festland das alte Pfarrwitwenhaus von Groß Zicker oder das Göhrener Museum besichtigen wollte. In dieser Schatzkammer der Mönchguter Fischerei- und Schifffahrtsgeschichte, die Ruth Bahls und Wolfgang Rudolph zusammengetragen haben, entdeckte ich eines Tages die Skizze eines gewissen Herrn Feininger, der die Küstenlinie zwischen Göhren und Lobbe mit einem einzigen Strich nachgezeichnet hatte. Dennoch waren der Himmel und das Meer auf diesem Blatt anwesend, der Wind und die Dünen. Sehr viel später stand ich dann vor den Seestücken und Wolkenkratzern Lyonel Feiningers in Berlin, Boston und New York und bewunderte das Licht und die Weite, die er an der Ostsee und am Hudson festgehalten hatte.

Als ich vom Lotsenberg zum Strand hinuntergehe, sitzt dort ein großer Mann in hellem Leinenanzug und zündet sich gerade eine Zigarre an. Ich danke im Stillen der zauberhaften Sundine und spreche ihn an.

»Good afternoon, Mister Feininger!«

»Good afternoon. Pleased to meet you. Aber ich würde

gern deutsch sprechen, mein Vokabular ist ein bisschen rostig geworden.«

»Sehr gerne. Haben Sie Ihre alten Malgründe überhaupt wiedererkannt?«

»Oh ja. Ich bin von Middelhagen nach Zicker gewandert. Die Heide und die Wiesen liegen noch genauso da, wie ich sie gezeichnet habe.«

»Sie sind 1892 zum ersten Mal nach Mönchgut gekommen, richtig?«

»Richtig. Damals war ich noch Karikaturist und hab für Harper's Young People und die Lustigen Blätter gezeichnet.Da dachte ich noch gar nicht an Malerei. Aber dann sah ich dieses enorme Licht und die Küstenlinie und hab angefangen zu skizzieren. Carus hat ja behauptet, hier zu zeichnen sei ein Frevel an der Natur, aber ich dachte: jetzt gerade! Eines Tages hatte ich dann dieses Stück Küste zwischen Göhren und Lobbe auf dem Blatt.«

»Das jetzt im Museum von Göhren hängt.«

»Tatsächlich? Na, da hängt es richtig. Die Fischer sind manchmal gekommen, haben mir über die Schulter geschaut und gesagt: »Mit ein Strich mockt hei dat. Un allns is dor.« Das war Lob aus berufenem Mund, denn die kannten die Küste ja wie ihre Westentasche. An die Malerei habe ich mich aber erst ab 1907 getraut, nachdem ich genug skizziert hatte. Und als das erste Bild dann fertig war, bekam ich plötzlich so etwas wie ein Heimatgefühl.«

»Obwohl Sie die entscheidenden ersten sechs Jahre

Ihres Lebens in New York und Connecticut verbracht haben.«

»Und obwohl ich New York und New England liebte! Aber meine Eltern waren dauernd auf Konzertreisen, und da habe ich viel Zeit in Eisenbahnwaggons und auf Dampfern verbracht. Ich glaube, daher stammt meine Liebe zu Schiffen und zum Meer.«

»Das heißt, Ihre Heimat liegt am Meer, egal an welcher Küste?«

»Jedenfalls habe ich sehr viel am Meer gearbeitet. Heimat, was heißt das schon? Heimat war immer da, wo ich arbeiten und etwas Neues ausprobieren konnte. Wo ich Geld verdient habe, denn Heimat ist ja auch, wo die Rechnungen ankommen. Also war Mönchgut auch Heimat, genau wie Deep und Dessau oder wie später New York und Stockbridge. Man nimmt ja immer ein Stück Heimat mit, wenn man weitergeht oder weitergehen muss.«

»Warum haben Sie nach 1933 so lange gezögert, Deutschland zu verlassen, obwohl man Sie als Juden beschimpft hat und Ihre Frau Jüdin war?«

»Weil ich mich immer als deutscher Künstler gefühlt habe. Schließlich hatte ich damals seit über vierzig Jahren hier gearbeitet, ausgestellt und gelebt. Wer waren denn dieser Herr Hitler und sein Herr Goebbels, diese verkrachten Wannabees, die mir plötzlich was über deutsche Kunst erzählen wollten? Schwachköpfe in Reiterhosen, die keinen geraden Strich und keinen geraden Satz zustande brachten. Ich habe doch niemals gedacht, dass die Deutschen denen zwölf Jahre lang nachlaufen würden, bis an den Abgrund!«

»À propos Abgrund – würden Sie Friedrich als Ihr Vorbild betrachten, wie das manche Kritiker tun?«

»Caspar David? Was sein Licht und seine Horizonte betrifft, vielleicht. Seine Skizzenbücher sind hochinteressant, die habe ich studiert. Aber ich bin kein Romantiker. Ich finde, wir müssen die Natur überwinden, um ihr auf den Grund zu kommen und wirklich frei malen zu können. Für Friedrich wäre so ein Gedanke Gotteslästerung gewesen. Aber wer weiß, was meine Nachfolger denken. Vielleicht finden die meine Kirchtürme und Segelschiffe viel zu mystisch und verspielt. Ich habe gern gespielt: auf der Geige und dem Harmonium, mit Zeichenstift und Pinsel, mit Schiffen und Figuren.«

»Manche fragen sich, warum der Karikaturist Feininger als Maler plötzlich so ernst geworden ist.«

»Weil sie nicht richtig hinsehen und aus meinen Bildern Welträtsel machen! Kristallene Sphären, kosmische Kälte, all das Zeugs. Dabei zeige ich doch nur, wie das Weltgebäude aus den Fugen geht und selbst die Kirchtürme und Stadtmauern schwanken. Wenn das nicht komisch ist in einer Welt, die sich vorgaukelt, festgemauert in der Erden zu stehen, dann weiß ich auch nicht. Aber die Amerikaner haben ja auch nicht mitbekommen, dass ich die Erdbeben von Manhattan gemalt habe. Sogar meine Sterne zittern. Die Clowns und die Philosophen denken gern über die Ewigkeit nach, es ist ein lustiges Thema. Ich habe mich immer mehr als Clown gefühlt.«

»Nur die Küste und das Meer sind unerschütterlich geblieben?«

»Nicht einmal die. Das ist ja gerade der Witz. In Pommern und auf Rügen soll ja laut Bismarck die Welt hundert Jahre später untergehen, aber das war mal. Inzwischen ist es hier doch genauso fünf vor zwölf wie überall. Ich hab's nur ein wenig früher gesehen, was nach der Weltwirtschaftskrise von 1929 auch nicht gerade prophetisch war.«

»Aber dennoch haben Sie weitergemalt.«

»Selbstverständlich, was hätte ich denn sonst tun sollen? Ich lebe von der Erinnerung und der Sehnsucht. Ohne Sehnsucht kommt gar nichts zustande, das habe ich meinen Söhnen immer wieder eingeschärft.«

»Warum sind Sie nach 1907 nicht mehr nach Mönchgut zurückgekommen?«

»Mit dem Badebetrieb schossen überall Hotels und Fressbuden wie Giftpilze aus dem Boden, und das Alte musste ihnen weichen. Das wollte ich nicht mit ansehen. Außerdem wurde es plötzlich laut, und da bin ich dann weitergezogen, zu den stillen Dünen von Deep. Die Kirche von Middelhagen hab ich manchmal vermisst. Wissen Sie, es gibt Kirchtürme in gottverlassenen Nestern, die das Mystischste sind, das man sich vorstellen kann.«

Das ist mein Stichwort, und ich kann meine brennende Frage loswerden.

»Haben Sie auf Ihren Wanderungen jemals etwas über die Seejungfrau auf dem Waschstein bei der Stubbenkammer gehört?«

»Gehört schon, aber gesehen hab ich sie nie. Engel und Elfen zeigen sich ja nicht jedem. Kubin und Klee haben sie sich oft gezeigt, mir aber leider nur ein paar Mal. Sehen Sie die Luftspiegelung dort am Horiziont?«

»Ja, seltsam. Was ist das?«

»Ich habe es *Coast of Nevermore* genannt. Vielleicht wohnt sie da?«

»Die Küste von Niemalsland?«

»Genau. Aber jetzt wird es Zeit für mich. Ich hoffe, Sie begegnen ihr noch. Have a nice day!« Und damit steigt er langsam den Strandweg zum Lotsenberg hinauf, und ich sehe ihm nach, bis er in den Ginsterbüschen verschwunden ist.

VON GÖHREN NACH SASSNITZ

Von Thiessow fahre ich in aller Frühe nach Göhren, um das erste Schiff nach Sassnitz zu bekommen. Hier beginnt die Deutsche Alleenstraße, die quer durch alle Bundesländer bis zum Bodensee führt. Der alte Ortsname Gorna bedeutet im Slawischen bergiges Dorf und bezeichnete schon damals seine Lage auf einem Hügel über der Küste.

1276 zum ersten Mal urkundlich erwähnt, verkaufte Jaromar II. das Dorf an das Kloster Eldena. Nach der Reformation fiel es wie alles Rügener Klostergut an den pommerschen Dominialbesitz. Dadurch blieben die Bauern und Büdner bis 1847 Leibeigene. Aber schon 1878 durften die Göhrener ihren Ort Seebad nennen und errichteten streng getrennte Damen- und Herrenbäder am Strand, deren Stege in gebührendem Abstand in die Fluten der Ostsee führten. Mit der Eröffnung der Kleinbahnlinie nach Putbus 1899 stieg die Zahl der Badegäste rasch an, und so kam auch Göhren zu seinen weißen Bädervillen an der Wald- und Strandpromenade. Adeline Gräfin von Schimmelmann, Hofdame der Kaiserin und eifrige Missionarin, gründete hier 1887 das weltweit erste Seemannsheim im alten »Solthus«. Sie segelte danach mit ihrer Yacht Taube bis zu ihrem Tod im Jahre 1913 nach

Skandinavien, England und in die USA, um weitere Seemannsmissionen aus der Taufe zu heben.

Göhren bietet den besonderen Luxus zweier Strände: den Nordstrand für die Vormittags- und den Südstrand für die Nachmittagssonne.

Am Südstrand befand sich auch die legendäre, über einen Kilometer lange Seebrücke, die 1924 durch Eisgang zerstört wurde. Die neue Brücke am Nordstrand bringt es zwar nur auf dreihundert Meter, dafür kann man von ihr aus den berühmten Buskam sehen, den größten Findling an der deutschen Ostseeküste. Eiszeitliche Gletscher haben ihn von Skandinavien bis an die Rügener Küste geschoben, und angeblich soll eine ganze Hochzeitsgesellschaft auf ihm Platz finden. Meine Großtante erzählte mir einmal, dass man auf dem Buskam mitternachts Seejungfrauen im Mondlicht tanzen sehen kann. Das nehme ich als gutes Zeichen für das Ziel meiner Reise und gehe an Bord.

Die Fahrt verläuft mit Blick auf die Baaber Heide vorbei am Strand von Sellin, an dem sich im Sommer 1932 kein Geringerer als Christopher Isherwood in Begleitung von W. H. Auden und Stephen Spender erholte. Isherwood arbeitete damals als Sprachlehrer in Berlin und nebenbei an seinem Roman *Goodbye to Berlin*, der zur Vorlage des Filmklassikers *Cabaret* werden sollte, und Auden an seinem *Totentanz*. Offenbar suchten sie an den sanften Sandstränden Rügens Ablenkung von den Vorboten der heraufkommenden Barbarei, die Isherwood minuziös registrierte.

Langsam dreht das Schiff hinterm Granitzer Ort in die Bucht der Prorer Wiek. Auf der Binzer Seebrücke sind schon ein paar Wanderer auf den Beinen, die mit nach Sassnitz wollen. Die Sonne steigt aus dem Meer, und mit ihr kommen die Fähren aus Trelleborg und Bornholm über den Horizont, die den Fährhafen von Mukran ansteuern.

Der nennt sich stolz die *westlichste Station der Transsibirischen Eisenbahn*, weil hier die Züge, die mit Fähren aus Sankt Petersburg und Klaipeda kommen, auf europäische Spurbreiten umgespurt werden können. Über Mukran wurde ab 1990 der Abzug der Roten Armee abgewickelt, was nicht ohne historische Ironie ist, denn ursprünglich wurde der Hafen gebaut, weil den Politbüros in Moskau und Berlin mit dem Erstarken von Solidarnosc die Landverbindung durch Polen zu unsicher erschien. Man zerstörte eine der schönsten Jasmunder Küstenlandschaften und baute eine gigantische Gleisanlage mitten in ein Naturschutzgebiet. Nach der Wende hätte der Hafen fast das Schicksal der meisten ostdeutschen Industrieanlagen geteilt, wenn ihn nicht die Verlegung des Fährbetriebs und der langwierige und lukrative Armeeabzug gerettet hätten.

Am Ufer von Dwasieden sieht man noch die Reste einer ehemaligen Kaianlage, die zum Anleger von Schloss Dwasieden gehörten, das der Berliner Bankier Adolph von Hansemann sich hier ab 1874 von Friedrich Hitzig bauen ließ. Hansemanns Vater David war preußischer

Finanzminister gewesen und hatte zu den Gründern des Discontgesellschaft gehört, eines der einflussreichsten Bankhäuser der Kaiserzeit. Sie finanzierte Eisenbahnen und Kohlengruben in Asien, Afrika und Südamerika und unterstützte Bismarcks Reichsgründungspläne. Adolph von Hansemann, der zu ihrem Direktor aufstieg, gründete 1880 die Deutsche Seehandelsgesellschaft und wurde zu einem der vermögendsten Bankiers seiner Zeit. Seine Frau Ottilie unterstützte die deutsche Frauenbewegung und stiftete eine Million Reichsmark für den Bau des ersten deutschen Studentinnenstifts in Charlottenburg. Das Schloss war eines der schönsten Bauwerke Hitzigs und stand in einem herrlichen Landschaftspark, dessen Anlage man noch heute erkennen kann. Der Hausherr gab hier große Jagden und Diners, bei denen unter anderem der Kaiser und die Kaiserin, der schwedische Außenminister und der preußische Postminister sowie chinesische Gesandte aus Berlin und London zu Gast waren.

Ein stolzer Bau, italienische Renaissance, man denkt an die Orangerie in Potsdam, schwärmt der Reiseschriftsteller Ludwig Sternaux in seiner *Herbstfahrt auf die Ostsee. Man denkt an Uhlands Balladen vom hohen Schloß am Meer, man denkt an Schloß Holkenás in Fontanes Roman »Unwiederbringlich« …*

Hansemanns Erben verkauften das Schloss 1935 an die Gemeinde Sassnitz, die sie schnöde hinterging und statt wie vereinbart ein Kreideheilbad zu errichten, das Anwesen an die Reichsmarine weiterverkaufte. Die richtete hier die *schönste Marinedivision Deutschlands* ein, welche dem Schloss dann zum Verhängnis wurde. Nach der Einnahme von Rügen quartierte sich 1945 die Rote Armee ein, ihr folgten Flüchtlinge und Seepolizei, und die Genossen jagten das Schloss schließlich in die Luft. Danach sollte auf dem Gelände eine geheime U-Boot-Schule eingerichtet werden, aber dafür fehlte das Geld. So blieb Dwasieden eine gewöhnliche Volksmarinegarnison, die 1990 aufgelöst wurde. Seitdem hat Sassnitz große Pläne mit dem Gelände und will ein Thermalbad und eine Kuranlage mit Eigentumswohnungen entstehen lassen, um endlich wieder den begehrten Titel eines Heilbads auf sein Stadtschild setzen zu dürfen.

Wir fahren an der Sassnitzer Mole entlang, die zwischen 1889 und 1896 gebaut wurde und die längste Außenmole Europas ist. Sie hat die Sturmfluten von 1904 und 1913 überstanden und den Wintersturm von 1978, der ganz Rügen unter einer meterhohen Schneedecke begrub. Jetzt liegt die See spiegelglatt, und wir legen neben dem britischen U-Boot HMS Otus an, das im Falklandkrieg dabei war und heute als Museumsschiff den Union Jack im Sassnitzer Hafen gehisst hat.

Ich habe mich im Atelier einer Freundin im ehemaligen Hotel am Meer in der Altstadt eingemietet, das zur Jahrhundertwende das erste Haus am Platze war. Nach 1945 wurde es als Wohnhaus genutzt und begann nach endlosem Erbenstreit zu verfallen. Eine Gruppe junger Künstler hat sich hier Ateliers und Wohnungen eingerichtet und das

Haus nach der Wende so gut es ging erhalten. Jetzt sollen sie vom neuen Besitzer vertrieben werden, der Kasse statt Kreativität will und damit im Rügener Trend liegt.

In der ganzen Altstadt gibt es keinen schöneren Blick auf die Ostsee, und das ehemalige Hotel hat auch in seinem Inneren noch etwas vom alten Charme bewahrt. Den Erzählungen meiner Großtante zufolge, die des Öfteren im benachbarten Wiener Café zum Tanz ging, wohnten hier exzentrische Gäste. Nachts kann man einige von ihnen noch immer im Treppenhaus schlurfen hören, so wie Effi Briest die Tänzer in Instettens Ballsaal über ihrem Kessiner Schlafzimmer. Auf der Strandpromenade zwischen Mole und Kurplatz hat Fontane Effi und Instetten flanieren lassen. Sassnitz verdankt dem Roman seinen werbewirksamsten Spruch. *Nach Rügen reisen heißt nach Sassnitz reisen,* erklärt der Baron seiner jungen Frau, und bis zur Jahrhundertwende war das auch unumstritten. Denn obwohl Binz schon im Jahr von Fontanes Besuch zum Seebad wurde, standen die wirklich vornehmen Hotels und Villen damals in Sassnitz, das Effi an Sorrent und Capri erinnerte. So wie das Hotel Fahrnberg, in dem Fontane im September 1884 abstieg und das er in seinem Roman als *Hotel Fahrenheit* verewigt hat. Vor ihm hatte Johannes Brahms hier seine Mahlzeiten eingenommen, während er im Sommer 1876 am Schlusssatz seiner 1. Sinfonie arbeitete. *An den Wissower Klinken ist eine schöne Sinfonie hängengeblieben*, schrieb der Komponist nach ihrer Beendigung an seinen Verleger. Wenn man den letzten Satz hört, dann klingen darin das Rauschen der Buchen am Hochufer und das Donnern der Brandung.

Zu Brahms' und Fontanes Zeiten gab es noch zwei Ortsteile: das Acker- und Bauerndorf Crampas und die Fischer- und Hafenkommune Sassnitz. Die Rivalität zwischen ihnen hielt sich lange über den Zusammenschluss beider Gemeinden im Jahr 1906, und die Streitigkeiten um Strandgut und Kurtaxe sind legendär.

Bis 1912 blieben das Damen- und das Herrenbad durch ein großes Familienbad voneinander getrennt und die Badebekleidung hochgeschlossen. 1890 kam die Kaiserin Auguste Viktoria mit den Prinzen für ganze zwei Monate in die Sommerfrische und versetzte ganz Jasmund in Kaiserstimmung. 1893 schließlich kreuzte Wilhelm II. höchstselbst mit der Hohenzollern vor Sassnitz auf, ging aber erst bei seinem zweiten Besuch im Juli 1905 vor Stubbenkammer an Land und bestieg mit seiner Entourage den Königstuhl.

Zwölf Jahre später legte ihm sein Generalquartiermeister Ludendorff einen abenteuerlichen Plan vor, der das Blatt noch am Ende des Ersten Weltkriegs an der Ostfront wenden sollte. Dem kaiserlichen Generalstab war zu Ohren gekommen, dass sich der russische Revolutionär Uljanow, alias Lenin, verzweifelt um eine Ausreise nach Petrograd bemühte. Dort war die Februarrevolution ausgebrochen, der Zar hatte abgedankt und eine provisorische Regierung die Macht übernommen. Wenn dieser radikale Lenin, so das Kalkül der Generäle, die Revolution vorantreiben und die russische Front in den Zusammenbruch treiben würde, könnte man einen schnellen Waffenstillstand aushandeln und die frei gewordenen Divisionen gen Westen werfen. Wilhelm II. gab seine allerhöchste Zustimmung und war sich dabei wohl nicht ganz im Klaren, dass er damit seinen lieben Vetter Nikki endgültig an die Revolutionäre auslieferte.

Das Auswärtige Amt organisierte eilends einen Sonderwaggon, der Lenin und seine Genossen aufnahm sowie zwei Begleitoffiziere, die für kontrollfreie Aus- und Einreisen zu sorgen hatten. Am 9. April 1917 verließ der Eilzug Zürich und erreichte Sassnitz am Abend des 12. April, wo schon eine Abordnung von Offizieren und Honoratioren die vermeintlichen »russischen Großfürsten« erwartete. Ob dieser Irrtum auf einem Missverständnis oder einem verschlüsselten Telegramm beruhte, ist nicht mehr aufzuklären. Jedenfalls weigerte sich Lenin auszusteigen und an dem vorbereiteten Diner teilzunehmen, schließlich hatte er bisher alles getan, um nicht in Petrograd als deutscher Spion verhaftet zu werden. Aber die Fähre war bereits abgefahren und die Nacht bitterkalt. Also musste eine Lokomotive herbeigeschafft werden, die den geheimnisvollen Waggon auf dem Abstellgleis im Hafen heizte. Erst am anderen Morgen ging es auf der Drottning Victoria nach Schweden weiter und über die Grenzstadt Haparanda nach Russland. Am 16. April kam Lenin auf dem Finnischen Bahnhof in Petrograd an. Er erstieg einen Panzerwagen und hielt seine erste Rede, stürzte bald darauf die Provisorische Regierung und ließ die Zarenfamilie erschießen. Ludendorffs Plan ging dennoch nicht auf. Zwar handelte die Oberste Heeresleitung im März 1918 in Brest-Litowsk einen Waffenstillstand mit der Delegation der Bolschewiki aus, aber der Eintritt der USA in den Krieg machte alle Illusionen über einen »Siegfrieden« an der Westfront zunichte.

Die Kapitulation des deutschen Heeres führte zur Novemberrevolution in Berlin, die den Kaiser den Thron kostete und Ludendorff ins schwedische Exil schickte, aus dem ihn erst Hitler 1923 wieder reaktivierte.

Zum sechzigsten Jahrestag der Oktoberrevolution bekam Sassnitz 1977 einen nachgebauten Lenin-Waggon als fahrbares Revolutionsmuseum, das ebenfalls auf ein Abstellgleis geschoben wurde. Als Schüler durften wir darin Lenins Hut und seine Reisetasche bewundern, aus der die *Aprilthesen* ragten.

Nach 1989 wurden sämtliche Lenin-Denkmäler der Stadt eilends entsorgt, als befürchte man im Rathaus, noch im Nachhinein für den revolutionären Aufenthalt zur Verantwortung gezogen zu werden. Der Waggon wurde zunächst nach Dresden abgeschoben, aber offenbar galt er auch dort als zu belastet, denn heute muss man bis ins Nürnberger Verkehrsmuseum fahren, wenn man ihn besichtigen will.

So sieht Erinnerungskultur nach der Wende auf Rügen aus. Sie basiert auf der Beamtenvision, dass man das raue Kopfsteinpflaster der Erinnerung am besten mit einer dicken Asphaltdecke überzieht und als »Verkehrsprojekt Deutsche Einheit« feiert, dreispurig und baumlos. So kracht zusammen, was zusammengehört. Ein Blick nach Portugal hätte zwar zeigen können, wohin das führt, aber so weit wollte auf Rügen kein Politiker schweifen. Wenigstens hat man mit dem ehemaligen Krankenhaus, das vorher eine nationalsozialistische Schulungsburg war, nicht auch noch den Gedenkstein für die Opfer des Faschismus abgerissen. In den letzten Jahren wurden sogar vor den Wohnungen ehemaliger jüdischer Einwohner und Zwangsarbeiter Stolpersteine in den Bürgersteig eingelassen. Es fehlt aber immer noch eine Tafel, die an die mehr als zweihundert Sassnitzer Frauen erinnert, die gegen den Ausbau der Hafenstadt zur Festung protestierten und vom Befehlshaber Generalmajor Voigt eine kampflose Übergabe forderten. *Die Erinnerung ist das einzige Paradies, aus dem wir nicht vertrieben werden können*, hat uns Jean Paul in seiner *Unsichtbaren Loge* getröstet. Leider ist Erinnerung manchmal alles andere als paradiesisch, auch auf Rügen.

Die Erinnerung an die gute alte Zeit unterm Kaiser Wilhelm ist jedenfalls ungleich beliebter, und so strahlen auch in der Sassnitzer Altstadt der Fürstenhof, die Villa Auguste und der Alte Reichshof wieder in Fraktur und Bäderweiß und lassen die blauweiße Pommernfahne mit dem Vogel Greif flattern.

Nachdem ich meine Sachen im Hotel am Meer verstaut habe, gehe ich hinunter zum Strandhotel, um einen

Espresso zu trinken. Auf meiner Lieblingsbank am Wasser sitzt ein älterer Herr in weißem Hemd mit seidener Weste, der die *Frankfurter Allgemeine* liest und hin und wieder belustigt mit dem Kopf schüttelt. Ich setze mich an den Tisch daneben und traue meinen Augen nicht. Es ist Theodor Fontane, und nachdem er seine Zeitung sorgsam zusammengefaltet hat, sieht er amüsiert zu mir herüber.

»Die Zeitungen kommen noch immer pünktlich, aber viel besser sind sie nicht geworden. Was die Herrschaften heute für ein Deutsch schreiben! Lauter polierte Phrasen. Wenn man dagegenklopft, dann ist der Marmor bloß getünchter Gips.«

»Herr Fontane!«

»Ja, sind wir denn nicht verabredet? Fräulein Sundine bat mich, hier auf Sie zu warten. Ich habe hier früher schon gesessen, da hielt man noch meine *Vossische*. Die kam akkurat jeden Morgen vom Vortag und brachte neben dem Allerneuesten von gestern auch die beruhigende Einsicht, dass man eigentlich nichts verpasst. Wollen Sie sich nicht zu mir setzen?«

»Vielen Dank. Ich hätte niemals geglaubt ...«

»Na, langsam müssen Sie doch dran gewöhnt sein. Das Fräulein verspricht nie mehr, als es halten kann. Nur sie selber kann man nicht halten, also seien Sie gewarnt. Ich habe die Melusinen ja lange studiert, und je mehr ich mich mit ihnen beschäftigte, desto weniger hab ich sie verstanden.«

»Sie sprechen von *Oceane von Parceval*?«

»Sie kennen mein kleines Fragment? Alle Achtung. Ich habe auf Rügen oft überlegt, ob ich mir ihre Geschichte nicht noch einmal vornehmen sollte, aber dann kam mir immer wieder Effi in den Sinn.«

»Der Sie hier einen großen Schreck mit dem Ortsnamen Crampas eingejagt haben.«

»Und das war nur der Anfang. Ich habe einen Spaziergang von den Prinzenhäusern in die Stubnitz gemacht, und dort sprach mich ein junger Mensch an, ob er mich zum Herthasee und zu den Opfersteinen führen dürfe. Ich war neugierig, aber müde und bestellte ihn auf den nächsten Tag, weil der See an meiner Reiseroute nach Lohme lag. Die Kutsche rollte durch die Stubnitz, es war ein spätsommerlicher Septembertag und die Sonnenstrahlen spielten in den Buchenkronen. Und dann plötzlich dieser düstere See und die blutigen Opfersteine. Da wusste ich, das ist der Ort, an dem Effi eine Ahnung von ihrem Schicksal überfallen wird.«

»Und wie hat Ihnen Sassnitz gefallen?«

»Ach, bis auf die See und die Kreidefelsen war es eigentlich langweilig und raufgepufft. Dafür habe ich mich dann via Instetten gerächt. Die Leute taten so, als ob es eine Art Adel wäre, dass sie hier geboren waren und einen schröpfen konnten. Aber wenn man als Gast das Gefühl hat, man soll nur ausgenommen werden, dann verleidet einem das die schönste Gegend. In Lohme ging es besser. Ich hab da meinen alten Freund Möllhausen besucht, und wir genossen von seiner Hotelveranda die

Sonnenuntergänge bei Arkona, ohne dass einer gleich ankam und Eintritt verlangte. Woher kommt nur diese fürchterliche Mischung aus Dumpfheit und Dünkel?«

»Sechshundert Jahre Leibeigenschaft bleiben nicht ohne Folgen. Dazu noch zwei Weltkriege, zwei Diktaturen und eine abgrundtiefe Enttäuschung, das stimmt nicht gerade heiter.«

»Kann sein. Vor allem, wenn man sich nicht selbst befreit, sondern die Freiheit per Dekret bekommt und dankbar zu sein hat.«

»Arnold Ruge hat gewagt, das schon früh auszusprechen: *In Wahrheit ließen sich die Rüganer nur befreien, weil sie es nicht hindern konnten.* Das war 1989 übrigens nicht sehr viel anders als 1806.«

»Wie soll man Freiheit und Großzügigkeit auch in Knechtschaft und Armut lernen? Das ist wie eine Schwimmschule auf dem Trockenen. Nicht jeder, der in Unfreiheit aufgewachsen ist, kommt mit den Zumutungen der Freiheit zurecht.«

»Aber es gibt auch hier genügend Leute, die sich ihren Witz und ihren klaren Blick bewahrt haben. Was nützt die schönste Freiheit, wenn man am Ende nichts damit anfangen kann, weil wieder Geld und Großkotz regieren?«

»Na, immerhin können Sie sich jetzt dagegen wehren. Das ist doch schon besser als unter Hohenzollern und Co. Da kommt es auf Grips und Mumm an und nicht mehr auf die Ahnengalerie. Ich hab übrigens nichts gegen Heimatliebe, aber wenn sich so ein dumpfer Lokalpatriotismus breitmacht, dann ist das meistens nur lächerlich.«

»Wenn man nichts anderes hat, ist das mitunter das Einzige, auf das man noch stolz sein kann.«

»Wollen Sie deswegen die Jungfrau vom Waschstein erlösen?«

»Wer hat Ihnen denn das erzählt?«

»Junger Freund, ich kann noch zwei und zwei zusammenzählen. Die Sundine hat mir gesagt, Sie werden mich über diese Seejungfrau ausfragen. Erst wollte ich gar nicht kommen, denn es ist schon ein bisschen beschwerlich, aus unseren Gefilden in Ihre zu reisen. Aber dann bekam ich Lust, mir diesen Flecken Erde noch einmal anzusehen. Ich verstehe ja, dass Sie Ihre Insel vor all dem Nepp und Nippes der Koofmichs retten wollen. Aber ob Ihnen dabei der Zauber einer Seejungfrau helfen kann, das wage ich zu bezweifeln.«

»Eigentlich will ich nur wissen, ob es sie wirklich gibt.«

»Dann sehen Sie sich doch um! Jede Menge Melusinen. Warum muss es unbedingt eine Wasserfee sein?«

»Sind Sie damals einer begegnet?«

»Ja und nein. Am Waschstein bin ich nicht gewesen, aber der Führer am Herthasee hat mir davon erzählt. In Lohme habe ich dann mit einem Astronomen eine nächtliche Sternwanderung gemacht. Es war Vollmond, und als wir am Schwanenstein vorbeigegangen sind, von dem Adebar angeblich die Rügener Kinder bringt, habe ich eine Nixe darauf sitzen sehen. Ich hab's für mich behalten, und der Astronom war ohnehin mit seinen Sternbildern beschäftigt. Man lässt sich ja auch ungern auslachen. Aber ich habe sie ganz deutlich im Mondlicht erkannt und mich nur gewundert, dass sie ein schneeweißes Nachthemd getragen hat.«

»Sie hat es nicht zufällig gewaschen?«

»Nicht gewaschen und es war auch kein Blut darauf. Solche Details merke ich mir. Der Zauber liegt ja immer im Detail. Ohne das blutige Hemd wäre Ihre Nixe wie jede andere, die aus dem Schilf lugt und den Wanderer hinab in ihren See ziehen will. So aber ist es etwas Besonderes, und man vergisst es nicht. Ich wünsche Ihnen Glück für morgen früh. Morgen ist doch Johannistag, oder?«

»Ja.«

»Na also. Ich hoffe, Sie bekommen das Mädchen zu Gesicht. Aber das mit der Erlösung überlegen Sie sich noch mal. Wer weiß, ob solche Fabelfrauen überhaupt von unsereins erlöst werden wollen. Vielleicht bilden wir uns das nur ein.«

»Ich werde drüber nachdenken.«

»Tun Sie das. Ich muss mich auf den Weg machen. Will mir noch mal den Platz ansehen, auf dem das Fahrnberg gestanden hat und ein bisschen im Wald spazieren. Die Luft und das Licht der Stubnitz, das ist ja allein schon eine Badekur.«

Und damit steht er auf, greift nach seinem Spazierstock, nickt mir zu und geht langsam die Bachpromenade hinauf. Ich sehe ihm nach, bis er am Alten Markt verschwindet.

VON SASSNITZ BIS ZUM KÖNIGSTUHL

Am anderen Tag bin ich schon vor Sonnenaufgang auf den Beinen, denn der Sage nach trifft man die Seejungfrau nur am frühen Morgen an. Es ist der Johannistag und ein Sonntag, ich bin ein Sonntagskind und kenne das rechte Wort. Jetzt muss sich also nur noch die Nixe zeigen.

Der Weg von Klein Helgoland bis zum Königstuhl gehört zu den schönsten Spaziergängen der Welt. Ich bin den Pfad an der Na-Pali-Küste auf Kau'ai entlanggewandert, am Ufer von Isla Negra in Chile und auf der Halbinsel von Kaikoura in Neuseeland, ich habe die kalifornische Pazifikküste von Mendocino bis Arcata gesehen, die Strände Cape Cods und den Regenwald von Port Douglas im australischen Queensland, die Klippen von Vancouver Island, Cornwall und Capri. Aber ich habe nirgendwo ein solches Spiel von Licht und Schatten und diese Weite des Blicks über die See erlebt, ein solches Konzert von Buchen, Brandung und Vögeln, wie auf diesem Hochuferweg. Er hat seit über zweihundert Jahren Millionen von Besuchern angezogen, darunter Caspar David Friedrich und Philipp Otto Runge, Wilhelm von Humboldt und Adelbert von Chamisso, Heinrich von Kleist und Friedrich Schleiermacher, Henriette Herz und Antonie Biel, Karl Friedrich Schinkel und Karl Friedrich Zelter, Theodor

Fontane und Johannes Brahms, Gerhart Hauptmann und Ernst Barlach, Franziska Tiburtius und Elizabeth von Arnim, Gottfried Benn und Uwe Johnson. Glaubt man der Sage, dann haben die Priester Swantevits und die Piraten Störtebekers ihre Schätze in den Kreidehöhlen versteckt. Adelbert von Chamisso hat hier im Sommer 1823 botanisiert und neben Frauenschuh und Knabenkraut auch die blaue Blume der Romantik gefunden. Der Spaziergang gefiel ihm so gut, dass er die beschwerliche Reise von Berlin neun Jahre später noch einmal mit seiner Frau und seinen beiden Söhnen unternahm, nur um ihnen die Stubbenkammer und ihre Orchideen zu zeigen. *Deutschlands Thule* hat der Dichter Heinrich Laube die Halbinsel wegen all dieser Naturwunder nach seiner Reise im Herbst 1836 genannt.

Im Frühjahr blühen Buschwindröschen und Schlüsselblumen, Siebenstern und Lerchensporn. Wenn man keinen Lärm macht, kann man Damwild und Dachs neben Hase und Igel begegnen. In den Buchen singen Amseln und Finken, über der See segeln Silbermöwen und Kormorane und machmal ziehen Schwäne und Graugänse vorbei.

Der Weg führt von der Piratenschlucht zum Hengst, wo man die Reste eines Uferburgwalls aus vorslawischer Zeit erkennt. Er quert den Lenzer Bach zu den Wissower Klinken, wo man in der Waldhalle eine Kaffeepause einlegen oder sogar übernachten kann. Aber dafür habe ich heute Morgen keine Zeit, außerdem schlafen der Wirt und seine Köchin noch. Bald erreiche ich die Ernst-Moritz-

Arndt-Sicht, wo es eine Bank für eine kurze Rast und einen Blick auf die Kreideklippen gibt, doch ich wandere weiter in Richtung Kieler Bach. Hier gab es früher eine Himmelsleiter, auf der man neben dem kleinen Wasserfall zum Strand hinunterklettern kann. Viele ihrer Vorgängerinnen sind bei Uferabbrüchen in die Tiefe gestürzt. Vor solchen Abbrüchen muss man sich vor allem im Frühjahr in Acht nehmen, wenn das Schmelzwasser in der Kreide zu arbeiten beginnt. Beim Spazierengehen am Strand empfiehlt sich stets ein wachsamer Blick nach oben, und sollte sich tatsächlich eine Kreidewand lösen, ein entschlossener Spurt ins Wasser, egal wie kalt es auch sein mag. Auch auf dem Hochuferweg muss man sich an die Absperrungen halten, denn schon mancher ahnungslose Kletterer ist auf eine unterhöhlte Rasensode getreten und war dann froh, wenn die Talfahrt mit ein paar Prellungen abging. Vom Kollicker Ufer bis zur Victoria-Sicht geht es bergauf und bergab, aber dafür entschädigen einen die Ausblicke. Hier bin ich oft mit meiner Tante spazierengegangen und habe mir Geschichten aus ihrer Kindheit angehört, während sie mit schlafwandlerischer Sicherheit Steinpilze und Pfifferlinge fand. Die Victoria-Sicht verdankt ihren Namen dem Besuch der späteren Kaiserin, die im Juni 1865 mit ihrem Schwiegervater König Wilhelm I. die Stubnitz besuchte. Ein Gedenkstein erinnert an die königliche Visite. Ich gedenke jedes Mal der furchtbaren Laune der Natur, die Victorias Gatten Friedrich III. nach neunundneunzig Tagen das Szepter aus der Hand nahm und es an seinen ebenso beschränkten wie großmäuligen Sohn Wilhelm II. weiterreichte, der Deutschland für die nächsten dreißig Jahre wie eine Operettenbühne regierte und schließlich mit Marschmusik in den Abgrund führte.

Am Königstuhl angekommen, steige ich den schmalen Weg zum Strand hinab, an dem der Waschstein im Wasser liegt. Als Kind bin ich manchmal zu Pfingsten mit meiner Großtante hierhergekommen. Sie hat mir gezeigt, wie man einen Hühnergott findet und was man tun muss, damit er einem einen Wunsch erfüllt.

Später habe ich nach Seeigeln und Donnerkeilen gesucht, den fossilen Schwanzenden kreidezeitlicher Kalmare, die die Ranen für versteinerte Blitze hielten.

Der Königstuhl ist die meistbesuchte, meistfotografierte und meistgeschundene Sehenswürdigkeit von Rügen. Wenn man in New York, Hongkong oder Santiago etwas von meiner Heimatinsel kennt, dann diesen Kreidefelsen. Der Sage nach sollen die alten Rüganer denjenigen zum König gewählt haben, dem es gelang, ihn von der Seeseite aus zu besteigen. Vielleicht meinten sie, dass jemand, der tollkühn genug war, sich auf eine so halsbrecherische Kletterpartie einzulassen, auch den Todesmut hatte, ein so halsstarriges Volk zu regieren. Erwiesen ist, dass sie die strategischen Vorzüge dieser Klippe erkannten und ganz in der Nähe am Herthasee eine Wallburg erbauten. Doch der Kult um die Göttin Hertha, den ein geschäftstüchtiger Wirt kurzerhand aus der alten Nerthus-Legende in Tacitus' *Germania* ableitete und mit herangekarrten Opfersteinen zu belegen suchte, ist eine Erfindung des neunzehnten Jahrhunderts. Der Mann betrieb ab 1893 in dem von Schinkel entworfenen Schweizerhaus ein Hotel und sammelte alle Sagen um Königstuhl und Schwarzen See, schrieb sie zu romantischen Schauermärchen um und vertrieb sie als Werbebroschüre in ganz Deutschland. Er war der erste Touristiker der Insel, allerdings einer mit Ideen.

Der Herthasee, der aus einem glazialen Eisblock entstanden sein soll, hat wegen seines dunklen Wassers und seiner Tiefe noch immer etwas Geheimnisvolles, und man hat nachts an seinem Ufer eine weiße Frau wandeln sehen. Aber nicht nach der suche ich und auch nicht nach der schwarzen Frau in der Stubbenkammer, die einst den goldenen Becher Störtebekers gehütet hat. Als ich endlich unten am Strand ankomme, liegt die Ostsee spiegelglatt und ein leichter Seenebel steigt auf. Bisher bin ich keinem anderen Wanderer begegnet, aber dort am Waschstein steht eine Gestalt im Wasser. Mein Herz schlägt bis zum Hals. Am Strand liegt ein rotes Tuch, und die Gestalt hat tatsächlich eine Art Fischschwanz. Aber wie kann sie damit stehen? Sie scheint mich nicht zu bemerken, und ich nähere mich vorsichtig, um sie nicht zu erschrecken.

Ihre Haut ist aus silberblauen Fischschuppen, und ihr schwarzes Haar glänzt, als wäre sie gerade aus dem Meer gestiegen. Plötzlich kollert ein Feuerstein unter meinem Fuß und rollt ins Wasser. Die Gestalt dreht sich um, und ich bleibe stehen.

»Sundine!«, rufe ich erschrocken.

»Guten Morgen. Aber das rechte Wort wäre ›Gott helf!‹ gewesen, nicht wahr?«

»Sie hier?«

»Warum nicht?«

»Ich dachte …«

»Eben nicht. Wenn Sie gedacht hätten, hätten Sie ›Gott helf!‹ gesagt. Oder wollten Sie mich gar nicht erlösen?«

»Sind Sie – die Jungfrau vom Waschstein?«

»Sehen Sie noch eine andere?«

Ich muss ein ziemlich dummes Gesicht machen, denn sie fängt an zu lachen und kommt aus dem Wasser. Der Fischschwanz ist ihr langes blaues Sommerkleid, das sie schon im Stralsunder Hafen getragen hat.

»Nun gucken Sie nicht so, als wäre Ihnen Störtebeker begegnet! Mit Schätzen kann ich leider nicht dienen. Ich hoffe, Sie waren wenigstens mit Ihren Inselbegegnungen zufrieden?«

»Mehr als das! Ich weiß nicht, wie ich Ihnen das jemals danken soll.«

»Vielleicht mit dem Champagner, den Sie im Rucksack haben?«

»Woher wissen Sie?«

»Sie tragen einen Netzrucksack, mein Lieber. Da muss man keine Hellseherin sein. Wollten Sie gleich Hochzeit am Strand feiern? Dann möchte ich aber auch die Ringe sehen.«

»Ich habe keine Ringe. Der Champagner ist für den Sonnenaufgang.«

»Und warum dann zwei Gläser? Na, geben Sie schon her.«

Ich setze den Rucksack ab, reiche ihr die Gläser und öffne vorsichtig die Flasche. Der Korken ploppt leise, und Champagnernebel steigt auf. Sundine hält mir die Gläser hin, ich schenke ein, und wir stoßen an.

»Auf den Johannistag«, sagt Sundine. »Werden Sie Ihr Buch nun schreiben?«

»Ja. Ich fürchte nur, es wird ein ganz anderes Buch, als ich vorhatte.«

»Ich habe ja noch einen Wunsch frei, nicht wahr? Also, schicken Sie es mir, wenn es fertig ist?«

»Sehr gerne, aber wohin?«

»Ins Johanniskloster natürlich. Ich habe Ihnen doch gesagt, dass ich dort wohne. Gleich gegenüber vom Archiv, die Adresse kennen Sie ja.«

Ein Kormoran fliegt durch den sich lichtenden Nebel, und langsam steigt die Sonne aus dem Meer. Es ist so still, dass ich zwei Fischer weit draußen auf dem Meer reden hören kann. Sundine legt sich auf ihr rotes Strandtuch und sieht in den Himmel.

»Schwalben«, sagt sie. »Schauen Sie mal, wie die sich jagen!«

Ich stelle die Flasche und mein Glas auf einen flachen Stein am Ufer und lege mich neben sie.

»Was hätten Sie sich denn gewünscht, wenn ich eine wäre, die Wünsche erfüllen kann?«

»Ich hätte mir gewünscht«, sage ich, »dass meine

Landsleute endlich ihre uralte Last von den Schultern werfen. Dass sie aufhören mit Schlucken und Ducken und dem Aberglauben, dass die da oben es schon machen werden. Dass sie sich wieder auf ihren Mut und ihre Wut besinnen, mit denen sie über die Dänen- und die Schweden- und die Franzosen- und die Preußen- und die Nazi- und die Sowjetzeit gekommen sind. Dass sie sich auch nicht mehr von maßgeschneiderten Herrenreitern und geelglatten Daxaffen mit Denglish und Dummsprech an der Nase herumführen lassen. Dass sie aufhören, von noch mehr Hotels und Halligalli zu träumen, sondern die Natur der Insel erhalten, für sich und für ihre Enkel.«

»Oha«, sagt Sundine, »das ist ja eine Menge. Freut mich, dass Sie mir so viel zutrauen. Aber ich fürchte, diese Wunschliste müssen Sie selber abarbeiten.«

»Das fürchte ich auch.«

»Na ja, fürchten ist wohl nicht das rechte Wort. Sie sollten sich darauf freuen. Sehen Sie, Ihr Ururgroßvater hat an die Seejungfrau geglaubt. Woran glauben Sie?«

»Was war mit dem blutigen Hemd?«, frage ich zurück, um mich um die Antwort zu drücken.

»Das werden Sie auch noch herausbekommen. Denken Sie an Störtebeker und die Likedeeler, denken Sie an Arndt und Ruge und an die zweihundert Sassnitzer Frauen.«

Ich werde plötzlich sehr müde und überlege, ob das am Champagner oder an der langen Wanderung liegt. Die Uferschwalben über mir kreisen immer schneller, ich schlafe ein und träume von meiner Begegnung mit Saxo

Grammaticus auf Arkona, vom Besuch in Kosegartens Kirche, von der Fahrt nach Hiddensee zu Ringelnatz und Muschelkalk, vom Lunch mit Frau von Arnim in der Strandhalle, von dem Gespräch mit Koeppen im Park, von Feininger auf Mönchgut und Fontane in Sassnitz und von Sundine, wie sie lachend aus dem Wasser kommt und die Sonnenstrahlen auf ihrem Kleid funkeln. Als ich aufwache, ist sie verschwunden. Die Sonne steht hoch überm Meer, und ein kleines Mädchen lässt am Ufer flache Steine über die See springen.

»Hast du geträumt?«, fragt sie mich, als sie sich umsieht.

»Ich glaube nicht«, sage ich. »Kennst du die Geschichte von der Nixe auf dem Waschstein?«

Das Mädchen schüttelt den Kopf. »Erzähl mal!«

Also setze ich mich neben sie und erzähle ihr die Sage meines Ururgroßvaters, während ihre Steine kleine Kreise auf den Wellen hinterlassen. Als ich fertig bin, sieht sie mich an und sagt: »Ich kenn auch eine Sage. Wenn man nämlich einen Hühnergott findet und durchguckt, dann kann man sich was wünschen. Aber man darf es keinem verraten. Du musst bloß einen finden, und dann kannst du dir wünschen, dieser Nixe zu begegnen.«

»Warum denkst du denn, ich will ihr begegnen?«

»Das sieht man dir doch an!«, ruft sie und steht auf.

Da nehme ich meinen Rucksack und wandere weiter, immer nahe am Wasser, wo die Wellen über die Feuersteine schwappen. Vielleicht finde ich heute Morgen tatsächlich noch einen Hühnergott und kann mir mein Rügener Märchentheater wünschen, auf dem ich dann zuerst die Geschichte von der Nixe auf dem Waschstein und dem blutigen Hemd erzählen werde.

REGISTER

HOLGER TESCHKE

wurde in Bergen in eine alte Rügener Familie hineingeboren und fuhr als Maschinist zur See. Nach einem Regiestudium arbeitete er zunächst als Dramaturg und Autor am Berliner Ensemble. Er schreibt Theaterstücke, Hörspiele, Essays und Gedichte. Mittlerweile führen ihn Lehrtätigkeit und Theaterarbeit bis nach Amerika, Australien und Südostasien. Besonders gern inszeniert er an der Seebühne Hiddensee und schreibt für *mare* und die *Inselnachrichten*.

IN DIESER REIHE BEREITS ERSCHIENEN:

Baden von Karl-Heinz Ott
Bayern von Klaus Reichold
Berlin von Annett Gröschner
Dresden von Jens Wonneberger
Franken von Thomas Kraft
Frankfurt von Michael Herl
Leipzig von Claudius Nießen
Mark Brandenburg von Beatrix Langner
Mosel von Tom Goeller
Ostfriesland von Detlef Hartlap
Ostwestfalen von Jörg Sundermeier
Schwaben von Bernd Kohlhepp
Schwarzwald von Ingeborg Gleichauf